KB206927

세속의 어긋남과 어긋냄의 인문학

세속의 어긋남과 어긋냄의 인문학

김영민 지음

글항아리

책머리에

'어긋남'은 개인의 실착이기 이전에 세속의 구조입니다. 그것은 의도와 언어의 힘으로 일껏 이룩한 성취의 그늘과 같아 구성적으로 끈질깁니다. 그러므로 진광불휘(眞光不輝)의 지혜는 문명의 것이 아니지요. 이 문명의 직물 속에서 새로운 어리석음이 돋는 것입니다. 어긋남이 꼭 어리석음의 밑절미인 것은 아니지만, 인생의 어리석음은 늘 이 어긋남, 혹은 그 상처와 관련을 맺습니다. 인문학이 세속의 구조와 사람의 무늬(人紋)가 섞여들며 생성시키는 이치와 미립에 대한 관심일 수밖에 없을 터, 인문학은 곧 어긋남에 대한 이론적 관심이며, 더불어 그 상처와 어리석음을 다루는 실천의 노동인 것입니다.

이 노동을 일러 '어긋냄'이라고 합니다. 마치 '선(禪)은 속도'라고 할 때처럼 세속적 어긋남의 속도를 앞지르거나 지양(止揚)하는 일관성을 말합니다. 요컨대 어긋남의 구조를 통새미로 알면서도, 그 두루 아는 것을 죽인 채 외려 모난 일을 찾는 것(圓而究方)이 어긋냄이지요. 이 작은 책이 인문학을 찾는 이들로 하여금 어리석게 어긋나는 세속을 부디 슬기롭게 어긋낼 수 있도록 돕기를 바랍니다. 어긋나는 것은 우리 모두의 운명이지만, 어긋내지 못하는 것은 당신 혼자만의 타락이니까요.

차례

1장

2장

3장

4장

5장

1장

인문학은 이 어긋남을 탐색하려는 일련의 재서술(R. 로티), 혹은 '차이 나는 반복'(들뢰즈)의 노력, 그리고 이 어긋남을 결코 어떤 형이상학이나 신학으로 되돌릴 수 없게 만드는 세속적 패턴에 대한 탐색이다. 그 어긋남의 환상과 증상, 그리고 그러한 어긋남을 열망하는 모방의 자기차이화를 여러 시각과 지평 속에서 동시다발적으로 들여다보려는 겹눈이다. 그 어긋나는 열정의 무익(無益)을 조밀하게 평가하고 재배치하려는 역설이다.

1

의도는 외출하지 못한다

『사기』의 사마천은, 이치를 얻는 게 어려운 게 아니라 그 이치를 세속 속에 놀리면서 처리하는 노릇이 정작 어렵다고 토로한 바 있다. 막 낚싯바늘에 물려 올라와 낯선 땅바닥 위를 세차게 파닥거리는 물고기를 본 적이 있을 것이다. 제 세상을 떠난 물고기는, 그 미끈한 유선형의 몸뚱이와 날렵한 지느러미가 허방을 치는 '어긋남'을 절감하면서 죽음의 예감을 지척에서 느낀다. 물 밖에 나온 물고기의 지느러미처럼, 바야흐로 세속의 실천적 수행 속으로 용해되려는 이치들 역시 스스로의 낯섦과 그 어긋남에 소스라치며 몸을 떤다. 오히려 '지느러미에 딸린 몸뚱이'를 가진 물고기는 죽음을 목전에 둔 낯선 환경 속에서 '어긋남'을 온전히 표상한다.

그래서 어긋남은 몸뚱이(육체)의 문제, 몸뚱이의 운명이 되고 만다. 우리가 몸을 끄-을-고 다니는 소마(σωμα)의 운명이 아니라면 어긋남의 불행도, 따라서 문학적 공간의 행운도 생성되지 않는다. 서양 철학의 전통에 특징적인 그 탈육화(脫肉化)의 시늉은 어쩌면 당연한 움직임이며, 문학적 공간을 억압함으로써 가능해지는 관념적 초월이다. (물론 현대의 철학은 바로 그 문학적 · 인류학적 · 정신분석적 · 정치적 공간을 재전유했기에 가능해진 성과다. 그렇기에 특히 19세기 철학의 중요한 갈래는 주체와 객체 사이의 매개의 문제에 고심하면서 소마와 프뉴마(πνευμα)의 종합, 혹은 지양을 추구하는 역사철학적 과제로 흘러갔다.)

마음아 너는 어이 매양에 져멋는다
내 늘글 적이면 넨들 아니 늘글소냐
아마도 너 좃녀 단니다가 남 우일까 하노라

한국 철학사상 중 읽을 만한 기철학을 처음으로 이론화한 화담 서경덕의 널리 알려진 시조다. 그의 기일원론(氣一元論)적 유물론은 소박하지만 매우 적절하게 천명한 글이다. "생활 주변의 사물 현상을 주의 깊게 응시하고 그 이치를 추구하는 관찰의 태도로써 학문의 출발을 삼았다"(한국철학회, 『한국철학사』, 中卷)고 했으니 당연해 뵌다. 시조는, 매양 늙지도 않는 듯 관념의 무시간적 이치들만을 여전히 고집하는 마음에 일침을 가하며, 몸을 무시한 채 세속의 밖에서 생각으로 온존하려는 마음의 허위를 매섭게 친다.

"너 좇녀 단니다가 남 우일까(마음만을 좇아다니다가 남들의 비웃음을 살까)" 염려한다고 했지만, 실은 바로 이 형식, 즉,

1) 마음을 좇는다.
2) 마음의 부재를, 혹은 그 마음으로 타인과의 관계를 보장받을 수 없다는 사실을, 뒤늦게 깨닫는다.
3) 그 깨달음은 오히려 마음을 더욱 재촉할 뿐으로, 결국 전형적으로 어리석어진 그(녀)는 그 어리석음으로 세속에 보은한다.

는 이 형식이야말로 문학적 공간의 전형성을 이루는 돌림노래와 같은 것이다. 이 환상극(環狀劇) 속에서 마음은, 의도는 오히려 미끼와 같은 것이다. 말하자면, 낚싯바늘에 고정된 미끼가 대양(大洋) 속으로 나아가는 것이 결코 아니듯이, 의도(意圖)는 외출하지 못한다. 그 의도가 순수할수록 오히려 외출은 힘

들어진다. 의도의 결기를 다지면서 그 결과를 선취하려고 하면 할수록, 그 의도는, 마치 관념 속에서 천 년을 기다려온 어느 애달픈 육체같이, 또 다른 육체를 만나는 바로 그 순간 재가 되어 속절없이 스러지고 마는 것이다.

그리고, 바로 이 스러짐의 환상극을 일러 나는 줄곧 '세속'(世俗)이라고 불러왔다. 정녕 도달하고 싶은 대상은 이념으로 소실되어버리거나 현실이라는 알리바이 속에 봉인된 채, 내내 우리들은 우연찮게 곁에 있던 대상에 실없는 의미를 매겨 욕망하거나, 그 어떤 '무엇'을 닮은 것을 바로 그 닮았다는 사소하고 우연한 인연을 강조하며 과장스레 다시 욕망하는 것, 바로 이 욕망의 복합체를 일러 세속이라고 부르는 것이다. 이념과 욕망의 교착(交錯), 진정성과 모방성의 혼동, 생각과 실천의 소외에 따른 부족과 미달, 혹은 과장과 잉여를 세속이라고 부르는 것이다. 좋아해서 어긋나고 미워해서 어긋나는 일, 빨라서 어긋나고 늦어서 어긋나는 일, 부족해서 어긋나고, 지나쳐서 어긋나는 일을 두고 세속이라고 부르는 것이다.

2

세속의(이라는) 어긋남

이 세속이라는 어긋남은 (형식적으로만 놓고 보자면) 마치 신화 속에서 단골로 등장하는 '좁은 길(문)' 과 닮았다. 말하자면, 그 좁은 문이나 좁은 길은 그 나름대로 완전한 어느 한 세상으로 통하는 문고리와 같은 것으로, 다만 그것은 천국이나 선경(仙境)이 아니라 세속이라는, 극히 문학적인 공간의 틈이 벌어지는 계기라는 차이가 있을 뿐이다. 이후에도 여러 가지로 예시되겠지만, (비코 식으로 말하자면) 문학적 공간으로 나아가는 틈은 실로 사방에 널려 있지만 그 적절한 꼭 한 군데를 잡는 게 요령이며, 바로 그것이 문학적 재능이다.

신화 속의 그 좁은 길과 좁은 문이 세속의 혼만잡착(混漫雜錯)을 일거에 닫아버리는 처방(pre-scription)의 궁전이라면, 이 세속의(이라는) 어긋남은 묘사(de-scription)이며, 쓰기(scription)를 거듭 해체(de)함으로써 얻는 재서술(re-de-scription)의 공간이다. 세속의 어긋남이 비록 먼지처럼 넘쳐나지만, 그 어긋남의 어느 하나가 문학적 상상의 계기로 포착되어 역설적인 풍성함의 솜씨를 낳을 때, 바로 어긋남은 곧 (세속적 의미의) 또 다른 좁은 길이다.

3

농담

밀란 쿤데라의 『농담』(1967)은 이 어긋남의 문학적 공간을 이데올로기적으로 착색함으로써 그 세속성을 더 명료하게 드러낸다. 혹은 명료하기에 덜 세속적인 뉘앙스를 풍기긴 하지만, 거꾸로 그것은 세속의 체질과 구조를 매우 전형적으로 밝힌다. 이데올로기는 삶과 체계 사이의 불가피한 어긋남에 기생하면서도, 늘 그 일치를 선전한다.

"공산당은 형식을 통해, 자유를 획득하려는 프롤레타리아의 노력을 이끌어준다. 당 엘리트는 형식을 위해, 프롤레타리아는 삶을 위해 노력한다. 혁명은 형식과 삶을 새로운 사회질서 속에 통합한다." (윌리엄 존스턴, 『제국의 몰락, 지성의 탄생』)

루드빅은 자신의 인생을 망친 주범인 제마넥을 향해 복수의 '의도'를 품고 귀향한다. 그러나 엉뚱한 선물이 배송되거나 소중한 선물이 반송되는 게 세속이듯이, 혹은 그 모든 선물은 결코 수신자를 찾지 못하거나 아무나 그 선물의 수신자를 자처하는 구조가 세속이듯이, 그렇게, 그의 의도는 세속의 간극에 막혀 외출하지 못한다. 세속의 시선으로 보면 너무나 당연한 귀결이지만, 루드빅은 타깃을 놓치고 엉뚱한 친구에게 피해를 입히고 만다. 오직 복수의 '의도'로 유혹한 제마넥의 아내는 의도치 않게 루드빅을 사랑하게 되며, 그 아내는 남편 제마넥에 관심이 없다는 사실을 드러냄으로써 그 복수의 의도를 원천 무효화시킨다.

"인생은 내가 바로 하루 전에 저 기괴한 섹스의 전투에서 굴복시켰다고 생각하였던 그 남자의 젊은 정부(情婦)의 모습 속에서 내 인생의 실패를 다시 한번 떠올리면서 나에게 회심의 미소를 보내고 있었던 것이다." (밀란 쿤데라, 『농담』)

쇼펜하우어 식으로 말하자면, 이 풍경은 자연의 무관심 속에 방치된 개인들의 무지한 열정으로 교직(交織)된다. 그리고

'인간이라는 열정은 무익'(사르트르)하지만, 그러나 "그 열정의 수고로움만이 인간 존재의 표식(標式)"(포이어바흐)이다.

이 어긋남의 열정은 조금 멀리서 바라보면 영락없는 '농담'이다. 그 농담은 인생을 바라보는 구경(口徑)에 따라서는 곧 치명적이 되기도 한다. 특히 현실적인 체제와의 관련성에서 재생산되는 농담은 더욱 그렇다. 앞서 인용한 윌리엄 존스턴의 표현대로, 그리고 잘 알려진 루카치나 하버마스의 문제의식대로, 체계의 형식은 생활세계의 삶과 창의적인 합체를 이루기는커녕 후자를 억압하며 도구적으로 식민화한다.

가령, 나치즘이라는 거대하고 기괴한 농담이 있다. 이 체제는 오래된 열등감-우월감 속에서 강박적 부침을 거듭한 독일의 민족성을 건드리며 체계의 형식과 삶을 보다 근원적인 차원에서 묶어보려는 참혹한 농담이었다. 한나 아렌트나 특히 아감벤(G. Agamben) 등이 비슷한 분석을 내놓은 바 있지만, 나치즘이라는 농담을 가장 명쾌하게 꿰뚫어본 사람은 다름 아닌 찰리 채플린이다. 시몬 베유(Simone Weil)도 이런 채플린을 역시 농담을 섞어 스피노자에 비견하기도 했지만, 전체로서의 희극을 간파하는 쇼펜하우어적 조감능력은 곧 채플린의 천재성이었다.

덧붙인 여담이지만, 나치즘만 우스꽝스러운 게 아니다. 개인의 범죄가 아니라 체계를 이룬 악(惡)은 대체로 농담 같은 요소를 지니고 있는데, 한 체제 전체가 미쳐 돌아가려면 오직 외부에서만 관찰 가능한 농담의 요소로써 환상적 스펙터클을 이루어야 하기 때문이다.

4

어긋남의 인문학

인문학은 이 어긋남을 탐색하려는 일련의 재서술(R. 로티), 혹은 '차이 나는 반복'(들뢰즈)의 노력, 그리고 이 어긋남을 결코 어떤 형이상학이나 신학으로 되돌릴 수 없게 만드는 세속적 패턴에 대한 탐색이다. 그 어긋남의 환상과 증상, 그리고 그러한 어긋남을 열망하는 모방의 자기차이화를 여러 시각과 지평 속에서 동시다발적으로 들여다보려는 겹눈이다. 그 어긋나는 열정의 무익(無益)을 조밀하게 평가하고 재배치하려는 역설이다.

순수하기에 더욱 외출할 수 없는 그 애달픔, 안타까움, 미끄

러짐, 닿을 수 없음, 혹은 넘쳐서 지나가버림 등에 관한 천고(千古)의 새로운 이야기다.

4-1

패턴

인문(人紋)의 일리(一理)들은 그 물매에 의해 안으로—컨텍스트로부터 텍스트 쪽으로—굽으면서 세속적 패턴을 재생산한다. 그 물매란 인간의 생존을 위한 조건으로 여러 환경에 대해 함수적으로 기동하면서 긴밀한 상호작용을 벌인다. 오래전에 나는 이것을 일러, "패턴은 컨텍스트와 텍스트 사이에 생긴 '긴장의 형태'"(김영민, 『컨텍스트로, 패턴으로』)라고 표현한 바 있다. 물매나 긴장은 넓은 의미의 생존을 위한 자연의 책략이자 방어기제와 같다. 그러므로 패턴은 어긋남의 현상들을 쉼 없이 선별하고 재배치하면서 생존의 역사성을 살려나간다.

(니체에 따르면) 인간은 스스로의 생물학적 자기한계 속에서 진리들을 내재화, 상징화, 유연화하면서 패턴화한다. 인간의 사회적 존재를 건사하는 진리들은 우선 '안전' 해야 하는 것이다. 오이디푸스의 실명(失明)을 초래할 정도로 위험한 진리들은 거세된다. 예를 들어, 십자가 위에서 비참하게 거세될 수밖에 없었던 예수의 혁명은 당대의 정치종교적 체계를 근본에서 뒤흔들 정도로 위험한 진리의 힘이었지만, '사회적 구성물로서의 교회' (시몬 베유)와 그 제도적 역사는 그 힘을 조직적으로 거세하고 교리적 내재화(indoctrination)를 통해 '안전' 하게 만들었다. "종교는 기본적으로 진리 추구가 아니라 거의 전적으로 안전 추구다."(J.S. 스퐁 주교)

색은행괴(索隱行怪)로 공부할 수는 없고, 아이러니만으로 성립하는 체계는 없으며, 변이(變異)만으로 진화하는 생물은 없다. 마찬가지로 (정신분석자로서의) 니체가 줄기차게 비판하는 것처럼, 실재로서의 진리는 결코 생물의 자기보호에 이롭지 않다. 말하자면, 문화상징적 체계의 너머로부터 침입하는 진리들은 곧 초인의 몫인 셈이다. 그러나 인문학은 초인의 변설을, 폭력적인 실재를 논급하기에 앞서 실재를 체계적으로 회피하고 억압함으로써 이루어가는 세속의 이치들과 그 패턴에 주목한다. 이 패턴을 교직하는 일리들을 탐색하는 것은 가장 고유한 의미의 인문학이며, 이 같은 인문학의 근본적인 보수성을 넘어서려는 다양한 변형 속에서 인문학은 인문학 이상의 인문학으로서 내내 자기갱신을 계속한다.

5

소설의 지혜

쿤데라에 따르면, 소설은 그 무엇보다도 작가 개인의 심리를 드러내는 것이나 고백이 아니다. 오히려 그것은 덫이 된 세계라는 '밖' 속에서 인간의 삶을 탐구하는 것이다. '덫이 된 세계'란 내 말로 '세속'이라고 불러도 좋은데, 그 세속은 우선 '어긋남의 체계'를 가리킨다. 루카치나 그의 독회(讀會) 동료였던 하우저, 그리고 만하임 등이 오스트리아의 빈을 중심으로 조형한 현대 학문의 한 갈래는, 심리학이 사회학을 대신함으로써 '사회적 형식'을 무시하는 사이비 사회학으로 저락(低落)하지 않도록 애쓰는 가운데 어렵사리 조형된다.

심리학은 어떤 경우에도 뺄 수 없는 탁월한 공부이지만, 심리학주의는 잘라 말해서 공부의 원수(怨讐)인데, 이를테면 심리학주의의 극점에서 드러나는 행태의 전형은 인식의 유아(乳兒)와 실천의 광인(狂人)이다.

인식의 유아와 실천의 광인은, 그 자신의 상상적 체계 속에서 세속적 어긋남의 실제(實際)를 관념적으로 기피한다. 그 인식의 현실 적용력과 효율성을 구체적으로 확인할 정치적 프락시스가 불필요한 것이다. 그 광인은 '(타인과의) 만남' 이라는 공부의 현장에 내려서서 편의(偏倚)와 편차(偏差)의 세속에 시시각각 시달리는 대신, 무대 위의 시적 고백과 연기에 만족한다. 가령 쿤데라가 "인생의 어리석음은 모든 것에 대한 해답을 갖는 것"이라고 꼬집은 것이 그러하다. 세속이라는 어긋남의 현실에 단련되는 일은 싱거운 해답들을 물리치고 제대로 된 질문에 몰두하게 만든다. 그래서 쿤데라가 말하는 소설의 지혜도 "모든 것에 대한 질문을 갖는 것"이다.

6

자신, 혹은 자신이 자신을 볼 수 없는 그곳

소설의 지혜처럼, 결국은 세속 속으로 나가는 수밖에 없다. 세속 속의 우행(迂行)을 신적(神的)이라고 보았던 헤겔과는 완전히 다른 의미에서, 세속 속의 우행과 그 거듭되는 어긋남이 소설의 지혜다. 절대정신의 완결이라는 기이한 환상(環狀)은, 이 논의의 맥락으로 옮기면, 의도를 실천 속으로 완벽하게 물질화함으로써 심리주의에서 탈피한 생활양식의 일관성이 될 것이다. 물론 절대정신의 완결도, 심리주의의 바깥도 가능하지 않기에 세속이며, 어긋남이며, 또한 인문학이다.

'헤겔 이후의 소설' 을 말한 사람은 머독(Iris Murdoch)인데,

그 요체는 지젝 등의 표현처럼, '자신이 자신을 보는 그곳에 진리는 없다'는 것이다. '자신이 자신을 볼 수 없는 그곳'이란 곧 자기 자신을 가리킨다. 말할 것도 없이, 자기는 자기 지식(自知)의 조건이자 근본적인 한계인데, 앞서의 "세속 속의 우행(迂行)"이란 이 한계를 조건으로 재배치하는 프락시스-프로네시스(praxis-phronesis)에 다름 아니다. 달리 표현하자면, 자아는 (근대의 인식론에서 흔히 볼 수 있는 비유처럼) 빛이기도 하지만 동시에 맹점이며, 이 맹점을 벗어나는 길은 오직 타인들의 시선을 얻는 수밖에 없는 것이다. 세속이란 곧 타인들의 시선을 얻는 시공간이며, 좋은 작가란, 곧 (르네 지라르는 비슷한 이치를 조금 다르게 표현하긴 했지만) 그 맹점들을 여지없이 드러낸다. 다시, 거꾸로, 세속이란 곧 그 맹점들이 드러난 시공간이기도 한 것.

그러므로, 반복되지만, 소설의 요체는, 자신이 자신을 보지 않는 방식에 있는데, 자신이 자신을 보는 것은 곧 앞서 말한바 "모든 것에 대한 자의적인 해답을 갖는 것"이기 때문이다.

7

내가 누구인지 말해줄 수 있는 그것

문제는, 나는, 나의 진실은 어떤 식으로 드러나는가, 라는 것이다. '어긋남' 이라는 이 책의 주된 개념적 화두는 내가 드러나는 계기와 조건을 밝히는 데 어떻게 이바지하는가, 라는 데에 그 요지가 있다. 나의 진실이, 마치 창 너머에서 쳐들어온 꽃씨의 발아(發芽)나 말벌의 투침(投針)처럼 어느 순간의 촉발과 같이 예기치 못한 사태와 더불어 어떻게 결절하고 변신하는가, 그리고 그 같은 사태의 인식론적 혹은 존재론적 해명은 무엇인가?

고쳐 말하면, 내가 누구라고 '생각' 하는 그 생각은 내 '존재' 와 어떻게 관련되며, 어떻게 어긋나는가, 라는 것이다. 나는, 내가 누구라고 고백하는 그 고백 속의 나와 필연적으로 어긋날 수밖에 없다면, 그 어긋남의 메커니즘은 무엇인가, 그리고 인문학 일반은 그 메커니즘에 어떻게 접근할 것인가, 라는 것.

나에 대한 진실에 내가 접근하는 생산적인 방식은 무엇일까? 내가 누구인지 말해줄 수 있는 사람 혹은 그것, 그 관계, 그 사건의 성격과 구조의 형식은 무엇일까?

8

고백 속의 나, 고백 밖의 나

바르트(R. Barthes)가 '사랑해…'라는 식의 고백을 우스개의 일종으로 보았을 때, 그 흥미로운 진단은 그러나 상식에서 크게 벗어나지 않는다. (사랑이 열렬할수록 그것은 점점 더 우스워지게 마련인데, 연인들은 그 열렬함에 함입된 채로 외부의 시선으로부터 행복하게 봉쇄당한다.) 달리 말하자면, 애정의 고백들을 적절한 관계 속에서 용례에 맞게 구문론적으로 배치할 수 있다고 하더라도, 바로 그 고백의 인식론적 · 정서적 특권성 탓에 그 고백은 스스로의 무게를 잃고 시뮬라크르(simulacre)가 되어 부유한다. 그러니까, 바디우(A. Badiou)의 말처럼 "진리의 모든 형식적 특질들이 시뮬라크르 속에서 작동하는 것"의 사례로서 '사 · 랑 · 해' 라는 고백만큼 극적인 것을 다시 찾아볼 수 있을까?

고백이라는 장치, 혹은 특정한 상호작용을 거치면서 '나' 는 거짓의 옷을 벗고 그 속알갱이를 고스란히 드러낸다는 믿음은, 안타깝지만, 이미 제도화된 것일 수밖에 없다. 많은 경우의 나는 제도(화)의 원근법적 효과의 일부다. 그러므로, 그 '나' 는 결국 고백을 거치면서 세속의 옷을 벗기는커녕 제도가 짜낸 또 하나의 세속을 덧입을 뿐이다. 신경증이 주이상스(jouissance)를 회피하기 위해서 욕망의 제도적 수준과 타협하는 것처럼, 자아는 바로 그 자아의 진실을 회피하기 위해 자아구성적 제도들에 의탁하고 있는 것이다. 고백이라는 행위를 통해서 반성적으로 명백해진 어떤 대상이 자아가 아니다. 오히려 그것은 늘-이미 수행되고 있는 여러 형태의 재구성 행위 속에서 단속적으로 명멸한다.

고백이, 소문과 더불어 세속의 제도, 혹은 세속 그 자체의 형식이라는 점은 좀더 진지하게 탐구될 필요가 있는 주제다. 왜냐하면, 고백이야말로 탈(脫)세속의 본치를 띠면서도 가장 세속적인 교환의 형식일 수밖에 없어, 앞서 논급했듯이, 그야말로 시뮬라크르의 전형이기 때문이다.

학교는 「국민교육헌장」을, 군대는 「군인의 길」을 암송하도록 시키고, 교회는 「사도신경」과 「주기도문」을 합창하게 만들며, TV는 '사 · 랑 · 해' 라고 고백하게 만든다. 공적이든 사적이든, 고백은 권력의 표현이며, 수많은 '나' 들을 '음성' 이라는 기초적 공명의 레벨에서 동일화시키는 제도적 채널인 것이다. 비록 그 음성적 공명 속에서 신비와 초월을 기약하는 탈세속의 계기를 들춰낸다고 해도 그것은 여전히 제도장/권력장에서 자유로울 수는 없다.

실은, 고백은, 그 고백의 내용이 소실하는 지점에서 바로 그 고백의 정점에 이른다. 고백의 특권주의는 실은 발화의 물질적 공명 속에서 소실되는 내용의 아득함에 의탁하는 맹목인 것이다.

9

생각 속의 나, 생각 밖의 나(1)

"이 사람보다는 내가 더 지혜가 있다. 왜냐하면 이 사람이나 나나, 좋고 아름다운 것에 대해서 아무것도 모르는 것 같은데, 이 사람은 자기가 모르면서도 알고 있다고 '생각'하고 있지만, 나는 모르고 또 모른다고 생각하고 있기 때문이다. 이 조그마한 일, 즉, 내가 모르는 것을 모른다고 생각하는 점 때문에 내가 이 사람보다 더 지혜가 있는 것 같다."(플라톤, 『소크라테스의 변명』)

"편지는 끊임없이 가치가 변하고 있어요. 편지에 의해 야기되는 깊은 생각이란 끝이 없는 것이고, 또 그런 깊은 생각에

잠기다가 결국 어디서 멈추게 되는가는 단지 우연에 의해 정해질 뿐이며 따라서 의견 역시 우연한 것에 지나지 않으니까요."(카프카, 『성』)

결국 자신만의 것일 수밖에 없는 '생각'은 대개 지혜를 가린다. 실은 그것이 바로 자신만의 것이기 때문에 자신 속에서 지혜로 발효되지 못한다. 지혜라는 실천성은 이른바 '생각의 전능성'(Allmächtigkeit des Denkens)이 균열되는 지점에서 시작되기 때문이다. 혹은 지혜란, (라캉의 말처럼) 생각이 발견해내는 것은 그 생각으로 하여금 발견하도록 촉발시킨 그것과 일치하지 않는다는 어긋남의 깨침을 태반(胎盤)으로 삼기 때문이다.

생각 자체가 쓸모없다거나 생각을 하지 말라는 뜻이 아니다. 무념무상은 지속 가능한 노릇도 아니거니와 학인으로서는 오히려 반칙에 가까울 뿐이다. 명상조차도 대개 무념무상이 아니라 무타념무타상(無他念無他想)을 지향한다. 자신의 생각이 없이도 공부길에 나설 수 없지만, 자신의 생각에만 골몰하는 것도 공부가 아니다. 쉽게 말하자면, 그 모든 생각 · 관념의 열정은 지속적인 훈련 속에서 극도로 겸허하게 자신을 낮추는 가운데에서만 오히려 자신의 가능성을 성취할 수 있다는 것이다.

소크라테스는 각지를 순회하면서 마치 방랑의 무사가 도장격파(道場擊破)를 하듯이 협량하고 오연한 '생각' 들을, 그 생각의 자리들을 깬다. 황야의 무법자 같은 소크라테스의 등장은, 저마다 자기가 최고의 지자(智者)라고 '생각' 하기 때문에 그들의 지혜마저 가려져 있다는 사실을 확연하게 증명해버린다. 기존의 생각들이 응고된 채 인습의 질서를 이룬 곳을 찾는 소크라테스의 존재는 과연 등에처럼 성가시다. 그러므로 그의 죄는 스승의 죄, 곧 잠자는 학생들을 성가시게 한 죄다. 소크라테스라는 이름으로서 상징되는 그 모든 스승의 원형적 죄는, '자기-생각' 이 '자기-현실' 과 어긋난다는 것을 대화로 증명한 죄에 다름 아니다. 그것은 곧 '어긋냄' 의 죄, 즉 '어긋남' 을 드러낸 죄인 것이다.

9-1

생각 속의 나, 생각 밖의 나(2): 「가능한 변화들」(민병국, 2005)

「가능한 변화들」(민병국, 2005)은, 요컨대 세속의 어긋남을 매개로 인간의 변화 가능성을 부정한다. 변신과 변화는 자고로 신화나 종교의 테마이지 문학의 것이 아니다. 한쪽 다리를 저는 종규는 매사에 불만투성인 데다 아무 여자나 집적대면서 자신의 상처에 대해 임의로 보상받으려 한다. 그런데, 종규가 자신의 주체를 구성하는 방식에서 결정적인 여건은 '수현'이라는 실패한 옛사랑의 대상에 대한 회고적 시선 속에서 결절, 결정된다. 그는 현실적 · 실제적으로 어찌해볼 도리가 없는 바람둥이이지만, 수현을 향한 그 회고적 욕망의 시선 속에서만은 (관념적으로) 어느새 순정파가 되어 있다. 수현에 대한 그의 욕망이 현실적으로 차단당하고 있는 한, 그의 욕망은 당당히 '사랑' 이라고 불린다.

어머니나 첫사랑과 같은 일차적 애착관계에 파국적으로 실패한 경험은 이후의 애정관계를 에피소딕(episodic)하게, 혹은 겉으로 보아 무책임하게 만들곤 한다. 이 삽화적 애정관계는, 종규의 경우, '바람둥이/순정파' 라는 모순된 일치를 큰 갈등 없이 유지시키는 알리바이와 같은 것이다. '연인' 으로서의 종규의 주체는 수현을 향한 회고적 시선과 과도하게 동일시함으로써 체계적으로 분열되어 있지만, 거꾸로 그는 바로 그 분열 자체를 주체화시키는 자기방어 기제를 갖추고 있다.

매킨타이어(A. MacIntyre)나 리쾨르, 혹은 기든스 등의 매우 고전적인 주장처럼, 인간의 자아는 일종의 서사다. 아니, 서사적 투사 속에서 재구성된다. 사실 주체는 세상과 이웃을 대하고 겪으면서 (재)구성되는 서사적 통일체라는 맥락 속에서 이해하기가 좋고 편하다. 그렇게 볼 때, 한 인간의 역사 속에 돌연히 틈입하는 외상적 사건은 인간 존재의 서사적 통일성에 균열을 내는 진공과 같은 존재다. 정신분석적으로 표현하자면, 이드(id) 혹은 무의식의 충동을 효과적으로 제어하지 못한 틈으로 생기는 정신병적 표출인 것이다. 그러한 사건들은 자아의 서사에 쉽게 동화되지 못한 채 억압되거나 마치 혜성처럼 주변을 돌면서 시시로 과거의 파괴적 어긋남을 상기시킨다. 일부의 정신분석의들이 애용하는 표현을 빌리면, 외상적 사건들은 곧 자아의 '구멍' 이다. 그러므로 이 구멍과 균열을 메우는 서사적 작업은 외상 환자의 치료에서 극히 중요할 수밖에 없다. 트라우마(trauma)의 진단과 처방에 있어 세계적인 권위자인 허먼(Judith Herman)은 이미 사계의 고전이 된 그의 명저 『외상과 회복』(Trauma and Recovery, 1997)에서 회복 단계에 있는 '기억과 애도' 의 과정을 이렇게 설명한다:

"두 번째 회복 단계에 다다른 생존자는 깊이 있고 완전하게, 구체적인 외상 이야기를 전한다. 이러한 재구성 작업은 외상 기억을 전환시켜 이를 삶의 이야기에 통합시킨다. 자네(P. Janet)는 일반 기억을 일컬어 '이야기하는 행위' 라고 설명했다. 그러나 외상 기억은 언어화되어 있지 않으며 정적(靜的)이다. 생존자가 처음 전하는 외상 이야기는 지루하고, 전형적이며, 감정이 묻어나지 않는다. 어떤 연구자는 전환되지 않은 외상 이야기가 '전이야기적' (pre-narrative) 상태에 있다고 말했다. 이야기는 시간에 따라 진전하지 않고, 말하는 사람이 가지고 있는 감정이나 해석을 드러내지 않는다. 또 다른 치료자는 외상 기억을 스틸 사진이나 무성영화에 비유했다. 치료는 이야기에 음악과 언어를 붙이는 역할을 맡는다."

소문난 난봉꾼으로 사는 종규는 수현에 대한 첫사랑의 환상(생각) 속에서 자신의 정체성을 관념적으로 구원한다. 물론 그 관념조차 회고적 시선 속에서 자의적으로 가공된 것이다. 그러나 어느 행운(불운)의 순간, 그 환상이 실재의 외상적 침입에 봉착하는 (문학적) 진리의 순간이 다가오는데, 그 진리의 순간은 오히려 종규의 거짓 혹은 허영을 여지없이 증명하고 만다. 그는 이미 유부녀가 된 수현을 다시 만나게 되고 우여곡절 끝에 정사(情事)를 벌이게 된다. 하지만, 그는 그 옛사랑과의 조우를 통해 자신의 순정을 증명하는 데 비참하게 실패한다. 그 순정은 욕망의 대상을 향한 회고적 시선 속에서 환상적으로 재생산되었을 뿐으로, '회고'라는 그 관념적 거리는 오히려 순정의 조건으로 기능했던 셈이다. 그 필생의 여인 앞에서조차 똑같이 반복되는 종규의 추태는, 그 자신의 진실이 관념·생각 속이 아니라 변치 않고 반복되는 생활의 양식과 버릇 속에 무의식처럼 온축되어 있음을 드러낼 뿐이다. 그의 진실은 오직 어긋남으로서만, 혹은 증상으로서만 드러난다는 것이다.

그러니까, 만남의 사건이 몰아오는 진리의 순간이란, 무엇보다도 '내 생각 속의 나'가 속절없이 무너지는 순간이다. 『현대시의 지평구조』(*La poésie moderne et la structure d'horizon*, 1989)의 미셸 콜로(Michel Collot)처럼 말하자면, '지평(地平)이란 (오직) 타자를 위하여 남겨진 장(場)' 이기에, 나와 상대, 주체와 객체 사이의 건강한 거리를 얻기 위한 조건은 곧 '내 생각 속의 나', 즉 유아적 2차원의 상상적-연극적 대면관계가 무너져야 하는 것이다.

9-2

노엄 촘스키의 코

"자아는 무시하고, 맹점화(盲點化)하고, 오인한다."(라캉)

일기에는 2005년 11월 27일로 명기되어 있다. 그날 스필버거의 「AI」(2001)를 보면서 우연찮게 헨리(극중의 아버지)의 코에 주목했는데, 그것은 내 매제(妹弟)인 독일인 베안드(Bernd Sturmfels)의 코와 너무나 흡사했기 때문이다. 최소한 '나'는 헨리의 코와 베안드의 코가 빼다 박은 듯이 닮았다고 '생각'하였다.

그러나 또 다른 '나'는 그렇게 '생각'하지 않았던 모양이다.

아니, '생각' 따위를 하지 않았던 것! 그날 밤의 꿈에 느닷없이 촘스키(Noam Chomski)가 나타났다. 내 꿈에 처음 나타난 촘스키는 특정한 각도로 얼굴을 돌려 자신의 코를 내게 찬찬히 보여주었는데, 아, 나는 꿈속에서조차 찬탄을 금치 못했다. 잠에서 깬 나는 곧장 촘스키의 사진들을 찾아가며 그의 코를 유심히 살폈는데, 그 코는 영락없는 헨리의 코였다. 진실은 베안드가 아니라 촘스키라는 사실을, 생각하는 나가 아니라 생각하지 않는 나라는 사실을, 자인하지 않을 수 없었던 것이다.

그러니까, 또 다른 나, 혹은 내 무의식은 나와 종종 어긋나며, 그것(그분!)은 내 '생각'의 바깥에서 나와 다르게 '생각'하고 있(지 않다)는 것! 그 생각하지 않는 생각 속의 진실은 내 생각을 단숨에 깨뜨린다는 것!

10

변덕, 혹은 고리

그러나, 다시 들여다보자. 과연 종규가 재구성한 주체는 바로 그 만남이라는 외상적 진리의 순간에 '거짓'으로, 완전한 허영으로 판명나버리고 만 것일까? 말하자면, 바람둥이/순정파라는 그 불구적 대치는 영영 상생(相生)할 수 없는 진위(眞僞)의 구조일 뿐일까? 헤겔/니체, 혹은 관념론/실증주의처럼, 그 두 개의 표상은 영영 한데 어울릴 수 없는 것일까?

혹은 불구적으로 비치는 그 대치는 종규라는 인간에게는 오히려 가장 자연스러운 행태, 그러니까 종규가 그 나름대로 자신의 진실을 건사하는 방식이랄 수는 없을까? 진실이나 적(敵)

을 결국 어떤 '하나'로 환원시키는 플라톤주의(형이상학)나 기독교(도덕주의)에서 벗어난다면, 한 사람의 진실이 어느 한 사건, 어느 한 항목, 어느 한 고백이나 결의, 혹은 어느 한 '마음' 속에 돌이킬 수 없이 결절(結節)한다고 믿던 태도는 오히려 비현실적이지 않을까? 진실은 외려 변증법적 유동성, 혹은 변화 가능성과 복합성 그 자체 속에서 찾는 게 낫지 않을까? 어느 한쪽의 어느 한 항목이 아니라, 여러 항목들 사이를 오가는 변화의 템포, 그 속도, 그 밀도 · 강도(强度), 그 전체 상의 무의식적 지향 등이 오히려 한 사람의 삶을 판단하는 데 더 쓸모 있는 게 아닐까?

『네이븐』(*Naven*, 1958)의 베이트슨(Gregory Bateson)은 '분열생성'(차별화, schizmogenesis)이라는 극히 흥미로운 인류학적 개념을 소개한 바 있는데, 그는 이를 "개인들 간의 축적된 상호작용의 결과로 생긴 개인의 행동규범에서 나타나는 차별화의 과정"이라고 정의한다. 가령, 갑순이와 갑돌이가 서로 사귀는 과정에서 갑돌이는 허풍떨기를 좋아하게 되었고 갑순이는 아양떨기를 좋아하게 되었다고 해보자. 그리고 이 두 행태가 차별화되어 각자를 규정하는 중에 서로 보완적인 관계를 맺으면서 더불어 굴러가는 작은 체계(메커니즘)를 이루게 되었다고 생각해보자. 갑돌이는 허풍떨기라는 자신의 버릇을 되돌아보면서 둘 사이의 관계 속에 어떤 진실(진정성)이 있다면 그것은 필경 자신의 버릇과 어떤 식으로든 결부되어 있을 것이라고 저 홀로 '생각' 하고, 갑순이는 아양떨기라는 자신의 버릇을 되돌아보면서 둘 사이의 관계 속에 어떤 진실이 있다면 그것은 필경 자신의 그 버릇과 어떤 식으로든 결부되어 있을 것이라고 저 홀로 생각한다면, 그것은 그저 일차원적 차별화의 시선이며 사랑에 빠진 연인들의 상상적 통념에 불과하겠다. 그러나 당연한 지적이겠지만 허풍떨기와 아양떨기가 불구적으로 대치하면서 어느 한쪽의 진실을 강요한다고 볼 게 아니다. 이 둘의 상보성, 즉 상호작용의 과정 속에서 상대의 행태에 드러나는 물매를 딛고 올라서는 변증법적 긴장과 지양의 메커니즘 자체 속에서 그 관계의 진실을 볼 수 있다면, 이 문제는 사뭇 다르게 접근될 수 있을 것이다.

'진실은 (오히려) 운동이다' (헤겔)라는 식으로 논의를 펼쳐보자면, 종규는 순정파라거나, 혹은 순정이라는 바로 그 생각(환상)이 무너지면서 여지없이 솟아오른 바람둥이가 그의 실체라거나, 하는 이 이분법적 항목중심주의 자체가 오히려 문제일 수 있다. 순정을 향한 그 환상을 줄곧 현상의 알리바이로 내세우는 그 종규도 종규의 일부요, 결코 그 환상을 증명할 수 없는 제 나름의 견고한 생활양식 속에 묶여 사는 종규 역시 종규의 일부로 인정할 수 있다면, 그래서 스스로의 환상과 믿음을 무너뜨리는 분열적 자기운동성 속에서 종규의 혼란한 정체성을 읽어낼 수 있다면, 그게 더 사태에 적실한 분석이 아닐까? '그 사람은 변덕이 심해!' 라는 말을 누구나 쉽게 알아들을 수 있듯이, 종규를 순정/바람이라는 통속의 분법에서 건져, 자기배신적 변동성, 그 모순적 일치의 운동과 템포 속에서 이해하는 것도 가능하지 않을까?

라캉, 혹은 지젝 식으로 말해, 주체의 본질을 기표의 환유 바깥에 형이상학적으로 설정하지 않고, 환유적 고리 혹은 그 고리의 운동성이 보이는 지향이나 템포와 '더불어 변화해나가면서' 주체를 이해할 수도 있겠기 때문이다. '나는 생각하므로 존재한다' (데카르트)는 명제가 존재를 생각의 토폴로지에 배치 · 결절시키는 문제점을 안고 있다고 비평할 수 있다. 그러나, '내가 생각하는 그곳에 나는 없다' (라캉)라는 명제는 '있다' 에서 '없다' 로 옮겨 단순히 그 토폴로지적 문제점을 뒤집어엎은 것이 아니라 주체를 그 토폴로지적 상상으로부터 아예 벗어나게 하려는 것이다. 마찬가지로, 로티가 인문학적으로 전유한 메타포인 '애매함' (fuzziness)은 존재와 무라는 이원법적 토폴로지 자체를 가로질러가는 실재의 새로운 패러다임이며, 내가 조형해온 '동무' (『동무론: 인문연대의 미래형식』, 2008)

는 연인(친구)/남이라는 이원법적 사회성 자체를 가로질러가 는 연대의 새로운 패러다임을 꿈꾼다.

11

변덕, 혹은 고리(2): 문학적 공간의 개시

변덕 속의 주체, 혹은 연쇄고리의 운동성 속의 주체들이 모이고 섞이고 얽히고 묶이는 삶의 마당 속이라면 그 어느 곳이나 문학적 공간의 가능성으로 웅성거린다. 변덕들이 고리를 이룬 곳이 곧 문학적 공간이다. 이 사실을 인정하지 않으려는 고집과 허영이 정치적 혹은 종교적 '형식'을 이루고, 문학의 공간은 이 사실에 대한 겸허한 인정을 통해 개시된다.

12

정확하게 말하지 못하(않으)므로 나는 주체다

"인간은 정확하게 말하지 않으면서 스스로를 주체화시킨다"(지젝)고 한다. 이는 하나마나한 소리인데, 정확하게 말하는 것은 신(神)이거나 기계일 테고 논리적으로 보자면 아무것도 말하지 않는 것과 다를 바 없기 때문이다. 그러나, 내가 '자서전적 태도'를 줄기차게 비판해왔듯이, 실은, 인간의 서사 능력으로 결코 도달하기 어려운 지점은 곧 '자기'라는 (영영 소급되거나 유예되거나 혹은 속수무책으로 흩어지는) 허상이다. 라캉의 지론처럼 자아는 근본적으로 오인과 착각의 형식이다. 자기 자신을 정확히 포악(捕握)할 수 있다면, 그래서 단 한 순간이라도 '나는 나(A=A)'라는 완벽한 자기동일성의 거울상 속에 자신을 정립시킬 수 있다면, 인간으로서의 주체 자체가 성립할 수도, 성립할 필요도 없기 때문이다. 반복하지만, '나는 나' 라는 에누리 없이 정확한 서사적 자기동일성은 신적(神的)이거나 사물적이다. 예를 들어 '나는 나이니라!' (Ich bin der Ich bin!)라는 신적 서사나, '책상은 책상이다' (Ein Tisch ist ein Tisch)라는 물적 서사는 바로 그 자기동일적 완벽성 탓에 결코 인간적 주체의 형성에 고유한 틈과 어긋남의 긴장을 알지 못한다. 「아이, 로봇」(I, Robot, 알렉스 프로야스, 2004) 속에서처럼, 사물이 아니라 진화한 로봇 정도만 될지라도 벌써 '틈과 어긋남의 긴장' 으로 대변되는 주체성의 기미와 조짐은 선명해진다.

이다도시라는 이름의 한 방송인이 '수다를 떠는 것은 인간의 기본' 이라고 항의하듯 떠드는 것을 본 적이 있는데, 진부한 얘기이지만 당시의 내 관심사에 꽂힌 덕인지 무척 흥미로웠다. 당장은 이상한 어법처럼 들리겠지만, 신과 사물에 불가능한 것 중의 한 가지가 수다일 것이다. 이 경우의 수다란, '실없이 말이 많음' 정도로 정의해놓을 수 있는데, 그 누구(무엇)보다도 신과 기계는 실없는 짓을 하지 않는(못하는) 존재이기 때문이다.

마찬가지로, 신과 사물 사이에 놓인 언어적 존재(homo linguisticus)로서의 인간의 운명은 영영 정확히 말하지 못하는 것이다. 버벅거리는 것, 실없이 언거번거한 것, 수다와 농담으로 날밤을 새우는 것이 곧 인간이다. 변덕을 부리고 번복을 일삼고 후회하고 변명하는 것이 곧 인간이다. 수다나 (다음 장에서 상설할) '재서술' (redescription)(로티)도 바로 그 인간 운명의 한계를 서사적 조건으로 승화시키는 방식 중의 한 가지일 뿐이다. 한마디만 미리 첨언하면, 로티가 내놓은 재서술은, 그가 공언하는 아이러니즘(ironism)과 관련된 문예 전략이라기보다는, 앞서 약술한 대로, 인간의 서사적 한계와 조건 그 자체의 소질(素質)이라고 보는 편이 낫다.

13

의도 속의 나, 의도 밖의 나

쇼핑을 갈 때마다 쇼핑 리스트에 담긴 애초의 의도는 터져서 흘러나가 버리고, 예상치 못한 욕심들이 기어오르는 것, 바로 그것이 세속의 현존재 방식이다. 고등어를 사러 갔다가 삼치에 눈독을 들이거나 선보러 갔다가 중신어미와 눈 맞는 일은 의도 바깥에서 생긴 사건 · 사고인 것만은 아니다.

그것은, 문명화된 인간이 피할 수 없는 존재 방식(Seinsweise)이다. 마치 (하버마스 등이 지적하듯) 사회과학자의 관찰이 데이터 채집의 이론의존성이나 이론언어의 패러다임 의존성에 앞서 상호이해의 참여자로서 객관 영역에서 피할 수 없는 언어를 사용해야 하기에 이해의 문제와 속수무책으로 섞이는 것처럼, 세속 속의 어긋남은 특정한 인식론적 실수나 도구적 결함, 혹은 그 한계에 기인하기에 앞서 인간사회의 존재론적 조건과 결부되어 있는 것이다.

자아를 '의도의 목적론'에 꿰맞추어 산뜻하게 봉합하려는 태도는 인류사에서 그리 오래된 일이 아니며, 주체라고 하는 것은 실은 자아와 의도 사이의 불규칙적인 거리, 의도들의 시체를 수집해놓은 미봉(彌縫)의 창고에 다름 아니다. 구조주의자들이 잘 설명해놓았듯이, 원시인들에게 고유한 총체성의 사고, 즉 객관적 어긋남을 관념적-주술적으로 미봉하려는 자의(恣意) 속에서는 주체 생성에 필요한 기초적 긴장이 생기지 않는다.(베버를 위시한 여러 학인들의 말처럼 근대성 혹은 근대적 자아는 무엇보다도 '분화'의 효과인 것이다.) 주체는 세속의 어긋남에 대한 속절없는 인식-인정, 그리고 수용-대책과 더불어 생성된다. 의도와 기대를 중심으로 객관세계, 주관세계, 사회세계, 이론세계 등의 여러 세계가 서로 섞이고 얽히면서 피할 수 없이 어긋나는 체험 속에서야 감각의 총체성 속에 응집된 자아는 근대적 주체로 분화된다.

로티처럼 『잃어버린 시간을 찾아서』나 『정신현상학』 따위를 읽으면서 시간과 자아의 우연성에 골몰할 수도 있겠으나, 삶의 우연성은 삶 그 자체만큼이나 우리네의 일상 속에 편재한다. 그래서 세속의 시간성을 거치는 자아의 운명은 그 운명이 없다는 것이고, 바로 그 '세속의 본질은 본질이 없다'(아도르노)는 것이다. 배운 자라면 그 누구나 주워섬기듯이, 자아의 취산(聚散)에 무슨 필연성이 있는 것은 아니다. 그저 가까워서 닮는 것이고, 다시 피할 수 없는 연상력 속에서 가까워지는 것일 뿐이다.

가수 박진영은 한때 신실한 기독교 신자였다가, 어느 날 TV에서, 그저 부모를 따라왔기 때문에 불상에 배례하고 있는 아이들을 보는 중에 '인생의 가장 중요한 종교성조차 우연에 의해 결정된다'는 무섭도록 단순한 사실을 깨닫게 되었고, 무신앙으로 돌아섰다고 말했다. 내가 하필 내 부모의 곁에 있다는 사실, 즉 인접(隣接)의 사실, 그리고 내가 하필 내 부모를 닮았다는 사실, 즉 유사(類似)의 사실은 단지 프레이저(James G. Frazer) 이래의 인류학자들이 설명해온 주술의 이치만을 가리키지 않는다. 그것은 모든 필연성이 우연성의 지평 위에서만 제대로 설명될 수 있다는 것, 그리고 (들뢰즈의 지론처럼) 그 모든 동일성은 차이의 원천적 지평 아래에서만 제대로 해명될 수 있다는 것을 밝히는 시금석이나 마찬가지다. 보다 일반적으로 정식화하자면, 가깝기에 유의미한 듯하고 또 닮았기에 유의미한 듯하지만, 결국 닮음과 가까움은 서로 사통(私通)하는 동족(同族)으로 가까움은 필경 닮음을 조회하고 닮음 역시 가까움을 조회할 수밖에 없는 것.

가까움(인접)과 닮음(유사)의 기원은 서로를 바라보는 자기조회적 사통 이외에 아무것도 아니다. 따라서 마치 '이미지의 기원은 없다'(M. 엘리아데)고 하듯이, 기호의 실재론적 토대가 없듯이, 그 이치에 별 필연성을 쟁여넣을 도리는 없다. 세속의(이라는) 어리석음이 바로 그 사이비 필연성을 자연화하는 태도 · 관습과 얽혀 있다는 사실은 길게 말할 필요조차 없는 것이다.

13-1

의도 속의 나, 의도 밖의 나(2)

문학적 공간이란 바로 그 어리석음을 미학적 서사물로 재생산해내는 가능성의 공간이다. 어리석지 않은 세상, 즉 '세속'이 아닌 세상 속에서는 이미 문학적 가능성은 없는 것이다. 요컨대 문학이란 어리석음이라는 인간됨의 '한계'를 '조건'으로 승화시키는 상징적 장치 중의 하나다. 하버마스는 객관세계와 사회세계와 주관세계를 동시에 관계하면서 화해시키는 의사소통적 합리성을 추구하지만, 근대적 분화의 시선 아래 포착 · 분류되기 전의 3세계(하버마스의 것이든 포퍼의 것이든 키르케고르의 것이든 혹은 라캉의 것이든)는 이미 하나의 것이었고, 그것은 무엇보다도 문학적인 것이다.

마찬가지로 문학적 일상이란, 인접과 유사의 상호모방적 복합체로서, 그 어긋남의 어리석음이 아무런 자연성도 필연성도 없는 인간들 사이의 관계 속으로 '자연스럽게', 그리고 거의 '필연적으로' 얽혀 들어가는 풍경들에 다름 아니다.

외할머니와 진절머리 나게 불화했던 어머니가 어느새 그 외할머니를 정확하게 닮아간다는 사실은 우리의 일상이 놓인 세속의 한 자락을 (역시) 정확히 짚어낸다. 우리는 우연하게, 그러나 돌이킬 수 없이 모방과 전염, 유사와 인접, 은유와 환유의 복합적 세속 속으로 휘말려든다. 의도는 순수할수록 더 어긋난다. 영리한 제자들처럼 스승의 영향을 애써 부인하고 모든 성취를 고독하고 독창적인 독학(獨學)으로 돌리곤 하는 짓은 (지라르의 표현대로) '허영'이며, (사르트르의 표현대로) '그릇된 믿음'(mauvaise foi)의 일부다.

그것은 삶의 실지(實地)에서 멀어진 인식욕의 부유(浮游), 몸과 땅의 생활감각을 놓쳐버린 오연한 인식의 유희에 지나지 않는다. 인간은 우선 물듦의 사회성이며, 이 물듦에 의해 구조적으로 반복되는 어리석음을 빼놓고 문학적 공간을 상상할 수 없는 것이다.

13-2

의도 밖의 돌멩이

“그때에 율법학자들과 바리새파 사람들이 간음하다 잡힌 한 여자를 데리고 와서 앞에 세우고 ‘선생님, 이 여자가 간음하다가 현장에서 잡혔습니다. 우리의 모세 법에서는 이런 죄를 범한 여자는 돌로 쳐죽이라고 하였는데 선생님 생각은 어떻습니까?’ 하고 물었다. 그들은 예수께 올가미를 씌워 고발할 구실을 찾으려고 이런 말을 하였던 것이다. 그러나 예수께서는 몸을 굽혀 손가락으로 땅바닥에 무엇인가를 쓰고 계셨다. 그들이 하도 대답을 재촉하므로 예수께서는 고개를 드시고 ‘너희 중에 누구든지 죄 없는 사람이 먼저 저 여자에게 첫 번째 돌을 던져라’ 하시고 다시 몸을 굽혀 계속해서 땅바닥에 무엇인가 쓰셨다. 그들은 이 말씀을 듣자 나이 많은 사람부터 하나 하나 가버리고 마침내 예수 앞에서 그 한가운데 서 있던 여자만이 남아 있었다."(「요한복음」 8장)

'나이 많은 사람부터 하나하나 가버' 렸다는 흥미로운 구절에서 유추해보면, 제일 마지막까지 남아 있던 어느 철모르는 (그러나/그래서, 죄가 적은) 소년•의 존재를 상상할 수도 있겠다. 그는 별 생각 없이 인근을 배회하다가 그 현장에 입회하게 되었을 것이다. 그리고 예수의 단호하고 현명한 개입이 아니었더라면 그 역시 그 죽임의 현장에 별 의도 없이 붙어 있다가 어른들을 따라 돌멩이 몇 개쯤은 던졌을 것이다. 지라르의 흥미로운 해설이 강조하듯이, 의도를 담은 첫 번째 돌멩이(예수가 그토록 저지하고자 했던 바로 그 첫 번째 돌멩이!)는 치명적인 결과를 낳았을 것이고, 그 폭력적 모방의 메커니즘 속에서 우리의 철없는 소년도 돌멩이 몇 개쯤은 쉽게 던지게 되었을 것이다. '의도 밖의 돌멩이', 몇 개쯤은!

• 크로넨버그(David P. Cronenberg)의 「폭력의 역사」(A History of Violence, 2005)에서는, 바로 그 '폭력의 역사'의 덫에 빠진 채 사랑하는 가족으로부터도 소외당하는 가장(Viggo P. Mortensen Jr.)을 그린다. 영화의 말미에서 그를 가족의 일원으로 받아들이는 쪽은 역시 "철모르는 그러나/그래서 죄가 적은" 그의 막내아들이다.

13-3

의도는 자승자박의 고리를 돈다

사르트르의 단편 「벽」(1937) 속의 '나'는 적들에게 잡혀 라몽 그리스의 행방을 대라는 심문을 받는다. 나는 그리스가 '무덤 속이거나 아니면 무덤을 파는 인부의 오두막'에 있을 거라고 거짓말을 한다. 내 목숨을 걸더라도 내 상관인 그리스의 목숨을 건지려는 '의도'와 충정(忠情) 때문이었다.

그러나 바로 그 사이, 그리스는 사소한 말다툼 끝에 은신처인 사촌의 집에서 나왔고, "숨겨줄 사람이 얼마든지 있는데도 남의 신세를 지기 싫다나" 어쨌다나 하면서 "이비에타의 집이라면 숨어도 좋겠지만 놈들에게 잡혀갔으니 묘지에나 가 숨겠

네"라고 했다는 것이다. 그리스는 내가 (거짓말이라고 믿고 말한) 바로 그 무덤의 현장에서 발각되어 총살된다. 물리세계에서 통한다는 '작용–반작용'은 사회세계의 고리들(세속) 속에서는 흔히 '작용–부작용'으로 변한다.

내 의도는 외출하지 못한 채 자승자박의 고리를 돈다. 그를 살리려는 의도는 오히려 그를 죽이고, 나를 죽이려는 의도는 내 목숨을 건진다.

13-4

의도 속의 나, 의도 밖의 나(3)

선우휘의 작품을 영화화한 「깃발 없는 기수」(임권택, 1980)에서 청년 윤은 어수선한 해방 정국 아래 좌익 반미데모를 주동한 이철을 암살하기로 '결심' 한다. 윤은 이철이 그의 애인 윤임과 밀회하는 곳에 잠복하지만 정작 그를 죽일 수 있는 기회를 제 나름의 알리바이를 붙여 흘려버린다. 그의 결심은 그 의도가 구체화될 수 있는 현장 속으로 외출하지 못하는 것이다.

그러나 정작 흥미로운 장면은 그 의도가 외출을 허락받는 계기에 있다. 이철을 죽이지 않고(못하고) 돌아온 윤은 스스로의 심사를 달래느라 홀로 술집에 앉아 있다. 홀짝거리면서 술을 마시던 그의 눈에 홀연 벽에 붙은 포스터 한 장이 들어와 박힌다. 그리고 거기에는 이철의 애인인 윤임의 얼굴이 클로즈업된다. 코앞을 지나치던 이철을 두고도 망설이던 윤은 단숨에 밀회의 장소를 다시 찾아가 놀란 이철을 향해 앞뒤 잴 것도 없이 총질을 한다.

다시 말하면, 의도는 의도만으로 외출하지 못한다. 혹은 (막스 베버와 하버마스 식으로 말하자면) 신념은 이해관계와 협력해야 한다. 의도는 외출을 위해 그 나름의 물질적 계기(윤임의 포스터)를 요청하는데, 여기에서 중요한 점은, 그 계기가 반드시 의도와 논리적으로 이어질 필요는 없다는 것이다.

13-5

「밀양(密陽)」(이창동, 2007)

나르시스에 빠진 신애가 꽃을 꺾어 들었다. 그녀는 용서의 '의도'를 품고 자신의 아들을 유괴해서 죽인 남자를 찾아간다.('용서의 의도'만큼 자기애적인 것이 또 있을까? 주위에서는, '아아, 신애씨, 대단해요!' 라고 찬탄한다.) 종교의 힘으로 얻은 그 영웅적 나르시스—가장 가까운 것으로 여겨지는 '에고이즘'과는 가장 다른 그 나르시스—위에 용서의 '의도'를 얹었다.

그러나 벽 속의 그 남자, 오직 벽 속에서 자신만의 신(神)과 대화하면서 벽 바깥의 타자를 초월해버린 그 남자는 신애라는 피해자의 고통보다 빠르게 용서를 받고 있었다. 그는 자신만의 신으로부터 이미 용서를 받았다고 '생각'하고 있고, 신애의 '의도'를 아스라이 비껴 달아나버렸다. (의미는 의도에서 생기지 않는다. 마찬가지로 주체도 의도에서 생성되지 못한다.)

그런 것이 세속일 것이다. 문귀동은 권인숙도 모르게 제 마음대로 용서를 받았을 것이고, 이근안은 김근태도 모르게 제 마음대로 용서를 받았을 것이고, 전두환은 광주도 모르게 제 마음대로 용서를 받았을 것이다. 선물이 불가능하고 애도가 불가능하다고 하듯이, 타자의 지평이 의도에 의해 봉쇄된 자리에서 용서란 불가능한 기획이다. 차라리 은원불망(恩怨不忘)이 솔직하고 생산적일 터.

13-6

까치 소리

김동리의 『까치소리』(1966)는 '까치 소리'라는 우연성의 매개에 관한 얘기다. 매개 자체가 우연하고 또 그것이 세상의 전부라면, '의도'의 진정성으로 장악할 것은 아무것도 없다. 그래서 그것은 '의도의 바깥'을 알리는 신호와도 같다.

'내'가 징집되어 전쟁에 나간 후로 기침병에 시달리던 어머니는 마치 내 귀향의 신호이기라도 한 양 까치 소리에 집착한다. 그러다가 한 반년쯤 지난 후부터는 까치 소리가 날 때마다 발작적인 기침으로 반응한다. 나와 까치 소리와 어머니의 기침은 우연찮게 서로 관련되지만, 그 관련성의 근거는 어디에도 없다. 전쟁을 뒤로한 채 귀향한 나는 어느 날부터인가 까치 소리에 이어지는 어머니의 기침 소리에 '의도' 하지 않은 살의(殺意)를 느끼게 된다. 그런데 내가 귀향을 몸서리치게 꿈꾸고, 또 고의로 손가락 두 개를 분질러서까지 의병제대한 이유는 홀로 편모를 봉양하고 있는 여동생 옥란이 때문도 아니고 나를 손꼽아 기다려온 어머니 때문도 아니었다. 실은 정순이 때문에 그토록 무모한 짓을 저지르며 목숨을 구걸한 것이었다. 그러나 정순이는 나의 죽마고우인 상호와 이미 혼인한 사이로 변했고 그새 아이까지 하나 두고 있었다. 내가 전선(戰線)을 누비며 생사의 고비를 넘기고 있을 동안 면 서기인 상호가 나의 전사통지서를 위조해 정순이를 가로챈 것이었다. 나는 우여곡절 끝에 상호와 담판을 벌이고, 정순이와 함께 마을과 가족을 떠나 도주하려고 하지만 일은 역시 '의도' 대로 풀리지 않는다.

낙담과 혼란에 빠진 나는 "막연히 정순이를 원망하고 있는 것보다는 차라리 내 자신이 세상에서 꺼져버리는 게 낫다는 생각"을 공글리며 집 뒤쪽의 보리밭을 하릴없이, '의도 없이' 걷는다. 그때, 하필 상호의 여동생인 영숙이가, 소싯적부터 나를 좋아라 따랐던 그 영숙이가 그새 고등학교 3학년의 봄내 나는 처녀가 되어 내 뒤를 밟는다. 동정과 연모의 눈빛으로 내게 다가선 영숙이가 '오빠' 라고 부르는 순간, 그녀는 어느새 내 품 속에 있었고, 나는 발작하듯 그녀의 옷을 벗겨 마음껏 욕보인다.

바로 그 찰나, 운명으로 위장한 우연은 다시 귓가에 다가온다. 예의 그 저녁 까치 소리가 들려오기 시작했고, (어머니가 아닌) 나는 내 '의도' 와 무관하게 어느덧 그녀의 가느다란 목을 조르고 있다.

13-7

개신교 윤리와 자본주의 정신

"그렇지만 이러한 종교(칼빈주의) 공동체의 창시자라든가 대표자들 중 어느 누구라도 우리가 '자본주의 정신' 이라고 명명한 것을 그 어떤 의미에서든 자신들의 생업의 목표로 분명하게 의식하고 있었다고 보아서는 안 된다. (…) 종교개혁의 문화적 영향 중 많은 부분은 (…) 개혁가들의 작업에서 예기치 못했던 것들이며 전혀 의도하지 않았던 결과들이다. 종종 그들 자신도 염두에 두지 못했거나 정반대의 것들이었다는 사실을 염두에 두어야 한다."(막스 베버, 『종교사회학 논집』)

유명한 『프로테스탄트 윤리와 자본주의 정신』(1905)에서,

그 윤리와 정신 사이의 관련을 따지는 베버의 과녁은 오히려 '행위자의 사상이나 행동의 의도하지 못한 결과'에 있다. 두 항목 사이에 '인과'가 아닌 '(선택적) 친화성'(Verwandtschaft)을 지적하듯이, 의도가 아니라 효과이며, 작용-반작용이 아니라 작용-부작용이 오히려 관건이다.

그의 주장의 핵심은, 초기 개신교도들이 세속적으로 삶에 개입하는 태도 중의 어느 부분이 의도치 않게 종교구원적 가치를 띠게 되었다는 것이다. 시민, 상인 계급이 득세하기 시작하면서 변화한 시대 속의 개신교가 바로 그 현실 속에 적응하는 가운데 의도치 않은 부수적 결과들이 자본주의 정신을 규정하게 된 셈이다.

자본주의가 자본계산(Kapitalsrechnung)의 합리성과 정확성에 의지하긴 하지만, 심지어 객관세계, 자연세계 속조차도 인과적 계산 가능성만이 능사가 아니다. 객관세계의 법칙이 어느 정도 인과적으로 설명될 수 있더라도, 사회세계 속의 규칙들은 오히려 작용-부작용의 그 어긋남과 편의(偏倚)에 의해 구성적으로 규정된다. 가령 종교개혁자들 중의 어느 누구도 기성의 종교를 개혁하려는 '의도' 속에서 출발한 게 아니다. 종교개혁의 영향으로 후세에 알려진 것 중 적지 않은 부분은 사후적 평가 속에서 서로 연루되었고, 그것은 애초에 의도치 않게 '일회적으로(경험적으로)' 생겨난 것이다.

14

진리는 사랑스럽게 '이쪽'을 바라보지 않는다

의도 속에 저당잡혔던 자신의 진리는 오직 그 의도를 희생시키는 순간에만 짧게 명멸한다. 긴장이 잠(꿈)을 몰아내고 과신이 예언을 무산시키듯이 의도는 진리의 지점을 회피한다.

비용이나 희생의 상상력을 생략한 채 지나가는 진리를 운좋은 매처럼 낚아챌 수는 없는 법이다. 진리는 세 살 먹은 여자 아이나 여든 살의 노파처럼, 가만히, 사랑스럽게, 아무런 비용 없이 당신을 쳐다보아주지 않는다:

"생각된 대로 표현된 진리만큼 궁핍한 것도 없다 그러한 경우 진리를 기록해도 서툰 사진보다 못하다. 진리 또한 (우리를 사랑하지 않는 아이나 여자처럼) 우리가 검은 천 아래 쪼그리고 앉아 글쓰기(문자)라는 렌즈를 들이댈 때는 가만히 사랑스러운 얼굴로 이쪽을 바라봐주길 거부한다."(발터 벤야민, 『일방통행로』)

진리는 이팔청춘의 소녀와 같아, 변덕과 오해, 어긋남과 예기치 않음 속에서만 봄볕처럼 짧게 스친다. 진리는 당신을 쳐다보지 않는다. 오직 그것은 스쳐 지나간 기억의 아쉬움 속에서만 살아남는다.

15

진리는 늘 자아에 밀려 급진적이다

마치 튕겨나가는 고무줄처럼, 억압(Verdrängung)이 풀리는 순간 그 오래된 과거는 급진(急進)한다. 그리고, 은폐되었던 진리는 그 급진성에 얹혀 그토록 낡은 채로 그토록 우리 모두를 놀라게 한다. 진리는 늘 자아에 밀려 지체되었고 그토록 평범한 채로 그토록 급진적이 된다. '무능의 급진성' 이 꼭 그런 것이다. 내가 나를 만나는 순간, 우리 모두는 바보가 되어 "입을 벌리고 몸을 떨고 있"(조셉 콘래드, 『암흑의 핵심』)을 뿐이다.

16

결심(의지) 속의 나, 결심 밖의 나(1)

"베드로가 말하되 주여 내가 주와 함께 옥에도, 죽는 데도 가기를 준비하였나이다. 가라사대 베드로야 내가 네게 말하노니 오늘 닭이 울기 전에 네가 세 번 나를 모른다고 부인하리라 하시니라. (…) 사람들이 뜰 가운데 불을 피우고 함께 앉았는지라 베드로도 그 가운데 앉았더니 한 비자(婢子)가 베드로의 불빛을 향하여 앉은 것을 보고 주목하여 가로되 이 사람도 그와 함께 있었느니라 하니 베드로가 부인하여 가로되 이 여자여 내가 그를 알지 못하노라 하더라."(개신교 신약성서, 「누가복음」 22장)

좋은 꿈을 남들 앞에 발설하지 말라는 속언은 몸(실천)의 이치를 얼핏, 그러나 예리하게 드러낸다. 몸은 말을 싫어하기 때문이다. 몸이라는 태반에서 '자립' 한 말은 라캉의 '빈말'(parole vide)과 닮았다.

발전은 늘 분화와 자립을 요구하지만, 한편 자립은 역설(逆說)과 문화(文禍)로 흘러가게 마련이다. 가령 포이어바흐의 신 개념도 인간의 자기소외로서의 자립화 탓이다. 베버의 사회적 근대화의 부작용인 '자유상실 명제' 도 일종의 '자립화' 탓으로 설명된다. 하버마스의 해명에 의하면 그것은 "목적합리적 행위의 하부체계들이 가치합리적 토대에서 떨어져나와 고유하게 자립화"(하버마스, 『의사소통행위이론』)한 탓이다. 이 자립화는 관료제(Bürokratie) 현상 속에서 분명하게 드러나는데, '조절매체인 제도화가 종점에 이르렀다는 지표' 인 관료제는 행위의 주체들이 의지와 무관하게 '자립화' 한 기구의 강제력 아래 효과적으로 종속"(같은 책)되었다는 것이다. 마르크스의 '실제추상' (Realabstraktion) 역시 생활세계의 태반으로부터 '자립' 한 채 화폐와 권력의 조절매체에 의해 체계의 명령에만 순응하는 노동을 가리킨다. 이른바 생활세계의 식민화 테제도 쉽게 이런 식으로 풀린다.

기약이나 고백도 꿈과 같은 종류의 이치를 품는다. 그것들이 쉽게 '자립' 한 채 자아의 자의적 욕심에 종속되면서 결심과 의지는 스스로를 배신하기 시작한다. 베드로는 스승 예수에 대한 자신의 충정(忠情)을 발설하고, 고백하고, 약속하고, 심지어 예언한다. 그런 어리석음으로써, 그는 복음서에서는 찾아보기 쉽지 않은 문학적 공간을 잠깐 열어준다. 이처럼 문학적 공간은 늘 '말의 무모순적 체계' 로서의 합리성이 어긋나는 순간을 빌려 잠시 제 모습을 드러낸다. 이 사건은 '군중/이웃' 이라는 분볍의 뜻을 되새기게 하고, 군중의 메커니즘에 둘러싸인 개인의 결심과 의지가 인접(환유)과 닮음(은유)에 의해 와해되는 지점의 원형을 보여준다. 어긋나고 와해되어야 문학이다.

16-1

결심(의지) 속의 나, 결심 밖의 나(2)

"중국의 선비가 한 기녀를 사랑하게 되었다. 그 기녀는 선비에게 '선비님께서 만약 제 집 정원 창문 아래서 의자에 앉아 100일 밤을 기다리며 지새운다면, 그때 저는 선비님 사람이 되겠어요' 라고 말했다. 그러나 아흔아홉 번째 되던 날 밤 선비는 자리에서 일어나 의자를 팔에 끼고 그곳을 떠났다."(롤랑 바르트, 『사랑의 단상』에서 재인용)

사랑은, 새 텍스트의 표지에 (마치 유일회적인 듯) 멋있게 서명을 하는 그 '고유성' (propriété)을 띠며(혹은 띤 듯이 '생각' 하며), 고백하고 결심하고 약속하게 한다. 의자와 함께 들뜬 선비는 모종의 결심(고백+약속)을 했는데, 그 결심은 100일 이후의 선비를 관념적으로 선취하여 '그 자신이 누구라는 바로 그 누구' 속으로 얼버무려 넣는다.

하지만 자기정체성의 결절, 혹은 결심은 늘 성급하다. 100일을 기다렸다가 사랑을 성취하는 그 순정한 사나이의 자기정체성은 '나는 내 결심(A=A)'이라는 형식의 동일화 속에서 환상적으로 명멸한다. 결심이 시간을 앞당길 수 있다고 믿고, 그 관념적 선취 속에서 자아를 재생산하려는 욕심은 우선 '시간-비용'을 묻지 않는 탓이 크다. 주체의 진실은 결심 속에 온전히 결절하지 않는다. 고백이나 기약이 세속의 시간과 관계 속에서 해면(海綿)처럼 송송송 뚫리는 꼴이 우리네의 일상이듯이, 결심 역시 한 발자국도 세속의 어긋남, 어긋남의 세속을 벗어나지 못한다. 삶의 비용을 제대로 지불하지도 않은 채 시간을 가로질러 앞서 달아나는 주체 속에 시간의 진실은 없다. 오히려 주체가 영영 따라잡을 수 없는 시간의 비용, 그 영원한 감가상각 속에서야 주체는 자신의 뒤통수를 아프게 느끼며 자신을 깨달아간다.

17

결심, 혹은 타인에 대한 무능

'결심' 은 어떤 형식의 무능을 가리킨다. 그것은, 우리가 결심을 할 필요가 없을 경우를 떠올려보면 쉽게 알 수 있다. 특히 그것은 '타인에 대한 무능' 을 말하는데, 가령 고백이나 소문이 타인에 대한 무능인 사실과 그리 다르지 않다.

"내가 가족들의 일을 흐뭇한 기분으로 머릿속에 그리며, 그들을 기쁘게 하려고, 매우 솔직하고 시의적절한 '결심' 을 굳힐 때, 우연히 그 같은 시간에 가족들은, 내가 깨끗이 잊고 있던 작은 잘못을 알아내기 위하여 애쓰고 있다가, 내가 가족들에게 입맞춤을 하려고 그들에게 달려가면, 엄하게 그 잘못을 나무라기도 한다.”(마르셀 프루스트, 『스완네 집 쪽으로』)

물론 문제는 결심 그 자체에 있지 않다. 혹은 결심을 하지 말라거나 어떤 식으로 하라거나 하는 게 관건이 아니다. 결심이 그 스스로 대경실색(大驚失色)하여 생활의 바깥으로 퇴출당할 때까지 근기 있게 수행될 실천의 현명함만이 오직 문제다.

17-1

세속, 타인에 대한 무능

'타인에 대한 무능' 은 세속의 일상일 뿐이며, 인문학자로서 나는 '타인에 대한 현명함' 을 주문할 뿐이다. 그러나 흥미로운 것은, 타인에 대한 무능이나 현명함은 모두 타인에 대한 '무지' 에서 시작된다는 사실이다.

18

무능의 급진성

타인을 향한 무능 속으로(에서) 급진(急進)하는 인식에 겸허하게 자신을 개방하는 일이 중요하다. 그것은 상상의 거울방을 찢고 나오는 일이며, 허영의 풍선을 터뜨리는 일이며, 생각과 의도와 결심의 관념적 순환으로부터 몸을 끄-을-고 살아가는(걸어가는) 길이다.

6~7년 전의 일이다. 당시 거주하고 있던 전주의 어느 아파트 경내를 걷던 중이었다. 아마 저녁 무렵, 산책을 나서던 길이었을 게다. 어디로부턴가 열 살쯤 되어 보이는 여자 아이들 셋이 쪼르르 몰려왔다. 그 중의 한 아이가 바투 다가서서 나와

시선을 마주쳤다: “아저씨, 미국 사람이에요?” 어쩌면 그것은 어른이 아닌 아이, 그리고 남자가 아닌 여자였기에 키울 수, 내놓을 수 있었던 시선이었을 것이다. 내 맹점, 내가 볼 수 없는 나의 무능한 지역을 침입하는 시선은 이미 그것 자체로 급진적인 지식이었을 것이다.

19

타인의 삶(1)

나는 내 자신을 보는 데 무능하며, 그 무능함을 인정하거나 체감하는 시공간 속에서라야 나에 관한 지식은 비로소 급진화한다. 물론 '카리스마의 일상화'(막스 베버)처럼 급진성조차 체계 속에 내재화하고 만다. 그러나 새로운 내재화의 여백이라도 있을 때라야 체계는 완벽하게 썩지 않는다. '단지 알았다는 사실만으로 타락하는 일'에서 급진성은 피할 수 없는 것이다.

이윤기의 「아주 특별한 손님」(2006)에서 보경은 '명은'이라는 타인의 이름을 빌려 잠시 타인의 삶을 엿본다. 그 타인의 삶은 매개, 문(門), 혹은 연극이었고, 그로 인해 생긴 시선은 그 타인을 에둘러 결국 자기 자신에게로 향한다. 진실을 곧장 대면할 수 없다. 혹은 앞서 말했듯이, 진리는 사랑스럽게 '이쪽'을 바라보지 않는다.

그 누구도 자신의 진실을 향해 '직지인심'(直指人心)할 수 없다. 나의 진실(혹은, 비밀)은 이미 타인들 속에서 (심각하게 변형된 채) 유통되고 있는 법이며, 따라서 나는 오직 타인들의 세계를 힘들게 겪어내는 그 우회로의 끝에서야 (한 발 늦게) 나 자신의 진실을 되돌아보게 되는 법이다.

20

타인의 삶(2)

플로리안 헨켈 폰 도너스마르크의 「타인의 삶」(2006)은 타인의 삶을 감시하다가 급기야 자신의 삶을 직시하게 되는 어떤 남자의 경우를 다룬다. 그런 점에서 이윤기의 「아주 특별한 손님」과 흡사한 형식적 구조를 갖고 있다. 자신의 삶으로는 타인의 삶에 접근할 수가 없지만, 타인의 삶으로는 자신의 삶에 '다시' 접근할 수가 있다.

"'나는 생각한다' 고 말하는 것은 틀린 것이다. '사람들이 나를 생각한다' 고 말해야 옳다. (…) 나는 타인이다."(아르튀르 랭보)

21

타인에게 물잔을 건넬 수 있는가?

당신이 당신의 친구에게 물잔을 건네준다고 치자. 뻔한 사실이지만, 잔에 담은 물을 건네줄 때의 호의/선의는 그 잔(盞)과도, 그 물과도 아무런 상관이 없다. 당신의 호의/선의는 물질적 조건에 실질적으로 의지하지만, 그 호의/선의는 그 물질(잔/물, 그리고 건네는 손동작 등)에 미치지 못한다. 여기에서 결정적인 사실은, 당신의 친구가 당신의 호의/선의를 느끼거나 평가하는 방식이 주로 그 호의/선의가 실행되는 갖은 물적 조건과 관계, 그리고 그 결과라는 것이다. 원칙상 그 친구가 당신의 내심을 직관하도록 요청할 수도, 유도할 수도 없다. 감정이입은 내내 모른 체해야 한다. 물론 그 물적 조건과 관계와 결과라는 타자의 지평이 종종 예기치 않게 당신의 내심(의도)를 배반한다는 사실 속에서 오해와 상처는 반복된다. 그러므로 물잔을 건넬 때 상대가 그것을 받았다는 믿음/생각을 버리는 게 중요하다. 직관의 폭력과 감정이입의 나르시스를 넘어서는 동무적 관계의 실천은 몸(손)이 몸(손)에 얹히는 물질적 신뢰에서 시작한다. 결국 타자성의 체험은 자신의 생각과 의도가 와해되는 체험의 물질성과 유사한 것이다. 신뢰? 그것은, 내 친구가 내 물잔을 받는 것이 내 생각이나 의도와 아무 관련이 없다는 사실이 깊어지는 가운데 생기는 몸의 버릇, 바로 그것에 대한 진득한 태도가 신뢰다.

22

'He promised me earings, but he only pierced my ears.'

(그는 내게 귀고리를 사주겠다고 약속했는데,
결국 내 귀만 뚫어놓았다.) - 아라비아 속담

미워했거나, 혹은 그저 좋아했다면 문제는 간단했다. 잡았거나, 혹은 그저 버렸으면 문제는 간단했다. 너는 너고 나는 나라면 문제는 간단했다. 아예 거래를 피했거나, 혹은 기약을 했다가 자본주의기계처럼 지켰다면 문제는 간단했다.

귀고리를 사주겠노라고 약속했다가 그 약속을 지켰거나(사주었거나) 혹은 어겼거나(사주지 않았거나) 했더라면 문제는 간단했다. 그 어김조차 어긋남에 이르지 못하며, 따라서 결코 문학적 공간은 열리지 않았을 것이다. 그러나 그는 (아, 기묘하게도) 내 귀만 뚫어놓고 사라져버렸는데, 바로 이 의도와 실천

사이에 '놓고… 버린 것' 속에서야 세속은 그 수천의 눈(眼)을 번득거리고 우리 모두는 인문학적 인간으로 거듭난다.

2장

이웃함은 이미 구조적으로 개시술을 요청한다는 점에서 소설적 현상이기도 하다. 이웃함의 인연들, 그 인간적 세속에 대한 거듭되는 말들의 미로(迷路)는 곧 소설이며, 이웃함은 그 소설적 변증법의 근본 작인(作因)이라고 해도 좋다. 그래서 이웃하지 않는 것을 수(數)와 신(神)이라고 하는 것이다.

23

문학은 농담이 아니지만 농담은 문학이다

그렇다(是), 혹은 그렇지 않다(不是)는 사실만으로는 당연히 문학적 공간에 이르지 못한다. 인식은 아직 문학이 아니며, 시비(是非)가 환히 드러나는 (듯이 보이는) 지점에서 문학은 꼬리를 감춘다.

그렇기에 거래보다는 약속이, 큰 재난보다는 작은 오해가, 정오의 혼인보다는 하오의 불륜이 종종 문학적 상상력의 좋은 소재가 되었을 터다. 토대나 시원(始原, 텔로스telos)이나 오메가 포인트(Ω point)가 시금석처럼, 협박처럼 버티고 섰다면, 문학은 농담이 되고 만다. 그러나, 문학이 농담이 아니라

(쿤데라가 흥미롭게 보여주었듯이) 농담이 문학이 되어야 하는 것이다.

24

재서술의 소설적 공간

농담이 문학이 될 가능성은, 로티(R. Rorty)의 용어를 빌리면 재서술(再敍述, redescription)과 관련된다. 소설은 무토대(농담)의 진지함(재서술이라는 '노역')으로 구성된 가설무대와 같다. 가령 사랑이 있거나 혹은 없는 것(either~or)이 아니라 있으면서 없는 것(both~and)이라는 사실은 사랑이라는 그 진부한 통속을 다시 소설적 소재로 만든다. '있으면서 없고, 없으면서 있는' 그 자기차이적 구조는 재서술의 쉼 없는 노동으로만 유지되는 환상인 것이다. 혹은 그 누구의 말처럼, 연인이라는 주체는 쾌락의 외상적 대상(das Ding)을 빈 중심에 놓은 채 '있으면서 없고, 없으면서 있는' 그 거리두기의 곡예에 다름 아니기 때문이다. 그러므로, (나중에 자세히 논급할 기회가 있겠지만) 환상과 증상의 구조야말로 재서술의 소설적 공간을 예시하기에 안성맞춤이다.

문학의 시공간이 세속의 대표적인 표상이라면, 물론 그 구조는 어긋남이다. 샤일록(『베니스의 상인』)의 의도는 자가당착의 결말로 어긋나며, 고리오 영감(『고리오 영감』)의 사랑도 비극적으로 어긋나고, 헨리 히긴즈(『피그말리온』)의 사랑은 아라이자의 선택과 어긋난다. 개츠비(『위대한 개츠비』)의 '생각' 속에서 검질기게 부활한 사랑은 디지의 차가운 허영에 밀려 어긋나고, 뫼르소(『이방인』)의 '무의도의 의도'는 체계의 의도에 의해 희화적으로 어긋나며, K(『성』)라는 존재는 차라리 어긋남 그 자체다.

어긋남은 이미 구조적으로 재서술을 요청한다는 점에서 소설적 현상이기도 하다. 어긋남의 인연들, 그 인간적 세속에 대한 거듭되는 말들의 미로(迷路)는 곧 소설이며, 어긋남은 그 소설적 변증법의 근본 작인(作因)이라고 해도 좋다. 그래서 어긋나지 않는 것을 수(數)와 신(神)이라고 하는 것이다.

25

재서술의 희비극

어긋남이 없는 재서술은 희극, 즉 불가능이고, 재서술이 없는 어긋남은 비극, 즉 불만족이다.

26

소설과 상식

어긋남의 불연속과 재서술의 연속은 문학적 · 소설적 상상력의 기원과도 같다. 그것은, 가령 헤겔의 『정신현상학』처럼, '개념적으로 파악된 역사' (die begriffene Geschichte)라는 절대정신 속으로 되돌아가 무한성의 거품이 넘치는 자기회상 속에서 완결되지 않는다. 그것은 절대적 종합도 아니거니와 그렇다고 상식(common sense)도 아니다. 로티의 표현을 빌려 설명하자면, 재서술의 문예활동이 상식일 수 없는 이유는, 후자가 "마지막 어휘로 서술하는 사람들의 표어"이기 때문인데, 흥미롭게도 이것은 마르쿠제가 1차원적 사회의 언어적 특색을 거론할 때 사용한 구문을 쉽게 연상시킨다. 하여튼, 문예적 · 소설적 상상력의 기원을 이루는 어긋남과 그 재서술은 어떤 '전체' 속으로 귀결되어서도 안 되며, 상식이나 표어 속으로 구겨져 들어가서도 안 된다.

"아이러니의 반대는 상식이다. 왜냐하면 그것이야말로 중요한 모든 것들을 아무런 자의식도 없이 자신과 주변 사람에게 습관화된 마지막 어휘로 서술하는 사람들의 표어이기 때문이다."(로티, 『우연성, 아이러니, 연대성』)

한편 아도르노는 아도르노답게, 그의 동료인 마르쿠제의 비판을 보다 급진화시킨다.

"인간의 가장 내밀한 특징은 상식에 의해 인도되기를 거부하는 것이다."(아도르노, 『미니마 모랄리아』)

27

마지막 어휘의 도그마(δωγμα)

로티는 "인간이 자신의 행위, 신념, 인생을 정당화하기 위해 채용하는 일련의 낱말들"을 일러 '마지막 어휘'(final vocabulary)라고 한다. 물론 이 마지막 어휘(들)는 어긋남이 없는 토대(foundation)를 제공한다. 『낭만적 거짓과 소설적 진실』의 지라르(R. Girard) 식으로 말하자면, 이 같은 토대주의는 '인식의 제국주의'를 이루어 타인의 입장에서 생각할 능력을 상실하게 한다.

나는 수년간 신학생들을 가르친 적이 있는데, 그 중의 극히 소수는 내 강의에 화답하느라 '아멘'(amen)이라는 말을 낮게

연창(連唱)하곤 했다. 종교적 상상들로 다져진 자기체계 속에는 종종 인식/몰(沒)인식의 제국주의가 엄존하는데, 그 제국은 마치 무슨 슬로건이나 표어처럼 그 신민들로 하여금 특정한 (마지막) 어휘를 반복하게 만든다.

(물론 '반복'을 꼭 정신분석적으로나 비판사회과학적으로 처리해서 그 부정적인 측면만을 부각시킬 것은 아니다. 가령 종교적인 차원에서 보거나 심리치료적인 관심으로 접근할 경우 예상치 못한 생산성이 생기기도 한다.)

그러나 반토대주의자(anti-foundationalist)인 로티는 마지막 어휘를 반성 없이 반복하는 상식(주의)에 반대하고, 처음/마지막(arché/telos)이 없이 계속되는 재서술의 문예비평, 그 인류의 대화로 나아가고자 한다.

마지막 어휘는 도그마(δωγμα)로 고착된다. 그것은 어긋남, 못미침(짧음), 애달픔, 그리고 지워짐 등을 특색으로 하는 세속의 (인)문학적 공간을 불경시한다. 도그마는 문학적 공간을 불경시할 뿐 아니라 이해할 능력조차 없다. 그렇기에 게르숌 숄렘(Gersom Scholem, 1879~1982)이 증언하듯이, 가령 한스 코르넬리우스(H. Cornelius)와 프란츠 슐츠(F. Schultz)는 벤야민이

제출한 교수자격 논문을 한마디도 이해할 수 없었다.

에세이와 비평과 논문 사이의 실없는 위계적 긴장도 마찬가지다. 불화가 창의적 생산성으로 진전되지 못할 경우, 그 불화는 변증법적 실제에 이르지 못하는 추상적 경화(硬化)일 뿐이다. 흔히 문학적 공간이라는 글의 태반은 근대 학문적 제도에 의해 역설적으로 식민화당한다. 하버마스가 "자립한 자본주의 체계가 그 체계의 명령에 흡수된 생활세계의 의사소통적 잠재력을 억압하거나 파괴"(하버마스, 『의사소통 행위이론』)하고, 결국 "의사소통 행위의 연관으로부터 엘리트주의적으로 분화된 전문가 문화가 곧 병리화"(같은 책)라고 하듯이, '원전/논문 중심주의'(김영민, 『탈식민성과 우리 인문학의 글쓰기』)로 일관하려는 제도권은 학술의 모태이자 글 자체의 텃밭인 문학적 공간을 식민화하는 것이다. 그러나 진리라는 개념의 초월성, 자연성, 자율성, 그리고 그 비역사성을 맹신하고, 이와 본질적으로 관련되는 낱말에 고착될 경우, 그것은 이미 신학이 된다.

"그러나 스스로 존재하는 사실이라는 관념에 집착하게 되면, 그렇게 한 사람은 '진리'라는 낱말을 대문자화하기 시작하며 그것을 神이나 신의 프로젝트로서의 세계와 동일하게 취급하기 쉽다. 그렇게 되면, 그는 가령 진리는 위대하며 승리하리라고 말하게 된다."(로티, 『우연성, 아이러니, 연대성』)

28

'자연' 과 혁명

나는 시골에 살면서부터 봄이 되면 사방에 푸른빛으로 터져 나오는 그 대지의 생명력에 새삼스레 찬탄의 상념을 그칠 수가 없었다. 마치 농부가 가꾸어온 세계의 그 곰삭은 신뢰가 이른바 '농심'(農心) 속에 결절되듯이, 춘풍 속에 산책을 나선 내 상념 속에는, 천지간의 식물을 키워올리는 이 놀라운 땅심(地力)에 대한 형이상학적 결절이 문득 자연스럽다. 그러나 그 상념은 한갓 관념이다.

만약 당신이 '진리' 라는 것도 그처럼 만난(萬難)을 뿌리치고 '자연스럽게' 생장한다고 믿는다면, 당신은 모종의 본질주의

자일 듯하다. 해저지진이라는 단 한 방의 기원에 의해 전역으로 퍼져나가는 쓰나미(つなみ)처럼, 자유와 박애와 평등이라는 이상이 세월을 쫓아 '자연스레' 인류의 정신세계를 덮으리라고 믿는다면, 역시 당신은 모종의 본질주의자에 가까울 것이다.

존 스튜어트 밀(1806~1873)과 니체(1844~1900)는 서로 가깝게 겹치는 시대를 매우 다른 사고와 생활양식을 지니고 살았지만, 둘 다 이 '진리의 자연성'을 공박하고 해체하는 데 탁월한 수완을 발휘한 바 있다. 인문학적 진리란 거듭 발견되고 거듭 전유되어야 하는 터라, 우리 시대에도 적지 않은 사람들이 이 같은 성격이나 형식의 '자연성'을 상식처럼 믿고 있는 것을 목도하노라면 참으로 놀랍다. 그리고 바로 이 상식의 자연성을 깨는 방식 속에 이른바 이데올로기 비판의 요령이 있다는 것조차 다시 상식이 되고 말았다.

한 시대의 '자연성'(Natürlichkeit)을 문제시하는 시선들이 퍼지면서 그 사회는 변화의 기미에 휩싸이게 된다. 물론 그 자연성의 정치적 책략은 고전적인 의미에서의 이데올로기다. 지배자들은 자연성에 대한 대중의 통념이라는 매개 · 장치를 통해 피지배자들을 효과적으로 지배한다. 그 상징적 지배의 힘은 '벌거벗은 임금님'(안데르센)조차 자연스럽게 보(이)도록 강제할 수 있다. 하버마스의 지적처럼, "이데올로기 효과를 내는 세계상에서 정당화 노릇을 하는 개념들은 존재적 · 규범적 · 표출적 타당성 측면의 융합 덕에, 그리고 (일종의) 제식(祭式)을 통해 믿음이 흔들리지 않게 조처되는 덕에, 이미 일상의 의사소통에서는 완전히 인지적 범위 속에 있는 갖은 이의에 면역되어 있다."(하버마스, 『의사소통행위이론』) 그러나 지배자들이 규정하는 자연성과 민중이 실제 살아내는 자연성 사이의 격차가 점차 벌어져 어느 순간 돌이킬 수 없을 정도의 임계점에 이르게 되면, 전면적인 변화는 불가피하다. 특히 서양의 중세 말과 근세 초기에 걸쳐 여러 지배자와 이론가들이 '자연법' 사상에 골몰했던 것에는 시대의 조짐을 알리는 신호가 숨어 있었다.

29

어휘에 희망을 거는 일이란 무엇일까?

어휘에 희망을 거는 일이란 대체 무엇일까? 아파트 평수도 아니고, 애인도 아니고 영생(永生)도 아닌, 한갓 낱말의 생성과 교환에 희망을 두는 노릇의 이치는 대체 무엇일까? 이 자본제적 삶의 일상 속에서 낱말(들)을 매개로 연대하는 인문주의의 가능성과 그 생산성은 대체 무엇일까? 개념(ideas)이 아니라 어휘(vocaburaries), 인식이나 해석이 아니라 대화와 사회적 실천(social practices), 과거의 특정한 사실이 아니라 미래의 희망을 근거로 연대하려는 태도의 실질과 그 함의는 대체 무엇일까?

"자유주의 사회가 철학적 신념들에 의해 결속될 것이라는 아이디어는 내게 우스꽝스럽게 보인다. 그 사회들을 함께 결속하는 것은 공통의 어휘와 공통의 희망이다. 전형적으로, 어휘의 주요 기능은 현재의 희생들을 보상해주는 미래의 산물들에 대한 이야기를 들려주는 것이라는 뜻에서, 어휘들은 희망에 기생적이다."(로티, 『우연성, 아이러니, 연대성』)

30

인문학적 쾌락의 근원

인문학적 체험, 혹은 그 쾌락의 근원을 헤아려보면 그것은 영영 관념이 아니다. 비록 쾌락이 관념에서 발원하더라도 그 실효(實效)는 언제나 물질적이다. 그것은, 마치 공적 대의(大義)를 추동시키는 에너지가 결국 극히 사적인 것에서 그 밑절미를 얻는다는 사실과 닮았다. 세속의 복잡성과 타인들을 몸의 조건 속에 (거의) 선험적으로 매개하는 '인간됨'(being-human)•의 현상 속에서, 쾌락의 자리는 획일화되고 표준화

• 이 개념은 다음의 책 속에 상설되었다. 김영민, 『컨텍스트로, 패턴으로』, 문학과지성사, 1996.

한 '공간'이 아니라 삶의 물질감이 배어든 '장소'인 것이다. 인문학, 나아가 학문 일반의 토대가 문학이라는 명제의 뜻은 바로 이 물질성으로부터 나온다. 인문학이란 그 근본에서 '장소애(topophilia)의 학문'이다.

소설가 전경린의 말처럼 '권태가 이윽고 슬픔으로 바뀌기 시작하는 오후 4시'라고 치자. 혹은 그, 시작도 종결도 어정쩡한 메마른 스캔들의 시간, 오후 3시라고 해도 좋겠다. 나는 비껴 떨어지는 오후의 볕늬에 함빡 젖어 옹송옹송한 정신을 다스리며 외국어로 된 소설을 읽고 있거나 잠시 졸고 있다고 하자. 그리고 흑황색 책상의 한쪽 모퉁이에는 막 식어가는 커피가 그 마지막 기운을 게으르게 흘리고 있다고 해도 좋겠다. 나는 그 종이책의 질감을 낱낱이 손으로 느끼며, 검은 글자들이 꼬물거리는 터전을 낮은 시선을 던져 추적하고, 외국어가 내뿜는 그 척력(斥力)을 차마 물질적으로 만진다. 가만히, 그 책의 물질을 잡고 세속의 관념적 피로를 아득히 통과하는 그 짧은 순간, 이 작은 행복의 물질감이 부리는 섭동(攝動)의 장(場) 속에서 나는 그만큼 행복하다.

31

인문학적 쾌락의 근원(2): 외국어 배우기

"소년 때에는 호도를 갖고 놀았고
다음에 궤변가나 수사학자들과 씨름했고
모든 시인들이 내 것이 될 때까지 읽었고
보잘것없는 공상들에 색을 입히면서
꿀벌처럼 모든 책들을 빨아 먹었고
희랍어나 라틴어를 배우기 위해
온 땅과 바다를 돌아다녔다."
(에라스무스, 롤란드 베인턴, 『에라스무스의 생애』에서 재인용)

외국어를 배우는 것의 가치는, 이미 '외국어를 모르는 사람은 결국 자신의 모국어조차 모르는 사람' 이라는 괴테의 문제의식조차도 넘어선다. 간단히 말해서 그것은, 인문학적 삶이 선사하는 쾌락의 원형, 그리고 전형에 관한 것이다. 물고기의 친구들이 '살아 있다는 것은 거슬러 헤엄치는 것' 이라고 말하듯이, 그리고 시인 고은의 친구들이 '살아 있다는 것은, 낙서든 무엇이든, 쓴다는 것' 이라고 말하듯이, 그리고 스탕달과 사르트르와 에밀리 브론테와 뒤마 등이 살기(vivre)보다 차라리 쓰기(écrire)를 선택했다듯이, (혹은 '심장박동이나 발기처럼 글쓰기는 나의 인생' 이라던 사드의 친구들처럼) 인문학도로서 산다는 것의 기본은 '거슬러 (올라)가는 언어적 체험' 이기 때문이다. 넓은 의미의 '문학적' 공간을 생성시키며 낮고 낮은 자리에서 내내 미시적 상호작용 속에 융통하는 인문학은 '언어로써 거슬러 올라가기' 와 더불어 시작된다.

번역을 말하고 있는 게 아니다. '인문학적으로 살아 있다' 는 것을 표상하는 체험의 형식을 빗대어 설명하고 있을 뿐이다. 이 지점에서는, 번역이라는 행위를 근원적으로 무화(無化)시키는, 외국어가 모국어가 되고 모국어가 다시 외국어가 되는 물질적 일원성의 체험이 중요하다. 그 낯선 물질적 체험 속에서 다시 정신이 초기화되는 겸허한 존재론적 사태의 생성이 중요하다. 지혜가 지식을 쓰는 어떤 양식 속에서 번득일 수 있듯이, 인문학은 물질적 체험을 대하는 어떤 양식 속에서만 하나의 벡터가 되어 번득인다. 그것은 단지 '전달되었다', '알겠다', 혹은 '쓰였(사용되었)다'는 것만으로는 영영 접근할 수 없는 타자와 역리(逆理)의 물질성을 가리킨다.

32

진리와 풍자시

실용주의자로서의 로티는 '중요한 것은 진리의 발견이 아니라 말하는 방식을, 행하는 방식을 바꾸는 것'이라고 말한다. 그러나 약간 과장하여 그 요체만을 짚자면, '진리의 발견'이라는 집착에서 벗어날 수 있다면 그 모든 일은 새로운 중요성을 얻게 된다. "좋은 풍자시를 한 편 쓸 수 있다면 진리를 창밖으로 던져버리겠다"는 오스카 와일드 식의 표현도 그렇게 이해할 수 있다.

가령 옛 선비들의 시회(詩會)는 진리를 발견하려는 게 아니다. 그것은 진리의 주변을 아름다운 긴장 속에서 회전하면서도 결코 그 진리에 직관적으로 직입하지 않으려는 실존적 절제와 수사학적 확산의 산물이다. 정신적 귀족들의 자기차이화 전략은 한편 꼴불견이긴 하지만, 근대적 실용주의의 아득한 저편에서 언어적 교환의 내밀한 심층-실용성을 실험하는 노릇이기도 하다. 어쩌면 선승들의 선문답도 '진리를 말하지 않도록 조심하기'(니체)와 다름 아니다. 그들이야말로 어떤 말하는 방식과 행하는 방식의 임계점을 범람하면서 자신들의 근기를 시험하고 있기 때문이다.

(로티의 철학과는 무관한 여담이지만) '진리를 말하지 않도록 조심하기'는 명백히 종교적 성숙에 특유한 한 갈래의 지혜를 가리킨다. 그것은 반드시 진리(들)보다 더 커져버린 소수의 사람들에게만 가능해진 일갈(一喝)만으로 볼 게 아니다. 천기누설의 재앙을 방지하려는 전래의 방책을 떠올릴 필요도 없다. '으뜸-가르침'(宗敎)이라는 이 절대적 보편주의 속에서 입실(入室)과 승당(昇堂), 생수와 숙수(熟手), 적응과 발효의 과정을 겪어내노라면 어느새 그 '으뜸'을 뚫고 지나가는 일들이 생기기도 하는데, 이로써 가능해지는 빈 중심, 혹은 방심(傍心, ex-center)의 체험은 오히려 진리와 다투면서 진리를 가로질러/거슬러가게 한다.

진리를 말하지 않도록 조심하면서 어휘로써 더 나은 세상을 꿈꾼다면, 로티의 말처럼, 흥미로운 철학은 더 이상 찬반의 논의일 수 없다. 이 경우 흥미로운 것은 낡은 어휘들을 가로질러 가는 새로운 어휘들의 사회적 실천이며, 그 변화이며, 그 변화와 더불어 생겨날 인간의 원래적 가능성으로서의 급진성이다.

"낡은 언어로 말하면서 변화를 원치 않는 사람들, 바로 그 언어로 말하는 것을 합리성과 도덕성의 품질보증서로 여기는 사람들은, 새로운 메타포들에 대한 호소, 가령 급진주의자나, 젊은 세대나, 아방가르드들이 행하는 언어놀이를 죄다 '비합리적인' 것으로 간주할 것이다. 새로운 방식으로 말하기가 인기 있는 까닭은 '유행' 이나 '반란의 요구' 나 '퇴폐' 의 문제로 보일 것이다. (…) 반대로 새로운 언어를 사용하고자 하는 사람, 새로운 메타포를 문자화하려는 사람의 관점에서는, 낡은 언어에 집착하려는 사람이야말로 비합리적으로 보일 것이다. 즉, 정념, 편견, 미신, 과거집착 따위의 희생자라고 말이다."
(로티, 『우연성, 아이러니, 연대성』)

33

자연에 '앞서서' 자연과 '함께'

백남준이 '예술은 사기' 라고 일갈한 의미와는 사뭇 다르게, 피카소는 노골적으로 '진리는 거짓' 이라고 일갈한다. 피카소는 '그림이 완성되기 위한 최후의 낙점' (finishing touch) 따위를 믿지 않는데, 로티가 '마지막 어휘' 에 대한 의심과 재서술의 변증법적 욕망 속에서 아이러니즘을 지향하는 것과 크게 다르지 않다. 그는 "나는 자연을 뒤따르지 않고 자연에 '앞서서' 자연과 '함께' 작업한다"고 말한다.

예술과 달리, 자연을 뒤따르면서 자연을 앞지르는 방식은 자연과학에 고유한 길인데, 예를 들어 뉴턴이 그 유명한 『프린키피아』(1687)에서 개념화한 '섭동'(攝動)은 이후 명왕성과 해왕성의 존재를 예측 · 발견케 한 이론적 근거가 되었다. 섭동이야말로 '자연을 뒤따르면서 자연을 앞지르는 방식'의 전형이지만, 이는 비단 자연과학의 것만이 아니다. 미세한 떨림을 감지하는 것은 궁극적으로 '예술은 사기'라거나 '진리는 거짓'이라는 발언의 배경이 되기도 하지만, 울림과 떨림 속에 기미를 읽어내거나 낌새를 알아채는 일은 인문학(學)적 감성이 차마 감추어둔 술(術)로서, 근대 제도학문의 성근 체에 걸러지지 않은 채 뒤처진 듯하지만 실은 그 오래된 미래인 것이다.

34

역사 · 언어 · 실재

그런데, 어휘 사이의 경쟁은 철학을 실질적으로 문학의 일종으로 여기는 태도에 가깝다. 문학이 아니라 과학에 가깝다고 여기면, 어휘의 선택과 경쟁은 극히 미미하거나 혹은 인식론적으로 차별화되어 쉽게 취사(取捨)될 것이기 때문이다. 그것은 궁극적으로 은유적 축(軸)을 환유적 굴대로, 논리학을 수사학으로, 나아가 제도학문 전체를 문자학으로 바꾸려는 방식으로 나아간다. '문예비평과 대화로서의 철학' 이라는 개념은 꼭 로티만의 것이 아니다. '언어적 전회' (the Linguistic Turn)라고 하듯이, 실은 20세기 철학의 극히 중요한 관심사는 인간의 지식세계에 (거의 선험적이다시피) 드리운 언어적 지평의 보편성에 따라 움직여왔다. 따라서 역사성(historicity)에 무신경한 채로 19세기의 사상에 접근할 수 없듯이, 언어성에 등을 돌린 채로 20세기 철학사상사를 읽어 내려갈 수는 없다.

'니체 신드롬' 이라고 할 만한 현상, 그리고 당대의 학술 규정에 맞는 논문이 아니라 제 나름의 비평적 에세이를 고집한 탓에 사서 고생을 한 짐멜(G. Simmel)이나 벤야민 등이 근년 들어 복원되고 활발하게 유통되는 현상의 배경도 뒤늦게 20세기를 따라잡고 있는 남한 인문학계의 21세기 풍경과 겹친다.

거칠고 단조롭긴 해도 19세기를 역사성으로, 20세기를 언어성으로 요약하자면, 21세기는 다시 새로운 실재성의 조짐으로 웅성거린다. 하버마스는 헤겔주의에 대한 3가지 대응을 따지는 자리에서 마르크스(노동), 키르케고르(단독성), 그리고 미국의 실용주의로 대별한 바 있는데, 그는 실용주의를 청년 헤겔주의의 급진 민주적 분파로 이해한다. 그러나 (지젝 등의 글이 보이는 현란한 스케치에서처럼) 21세기는 이 3가지 대응을 넘어 다시 헤겔 이후의 실재에 대한 열정으로 웅성거린다. 물론 그 열정조차 상징적 거세를 숨긴 문화(文禍)의 알리바이일 수도 있다.

"실재에 대한 21세기적 열정의 문제는 그것이 실재에 대한 열정이라는 것이 아니라, 그 열정은 시뮬라크르이며 현상의 배후에 있는 실재에 대한 철저한 추구는 결국 실재와 대면하지 않으려는 궁극적 전술이라는 것이다."(The problem with the 21th century passion of the Real was not that it was a passion of the Real, but that it was a fake passion whose ruthless pursuit of the Real behind the appearance was the ultimate stratagem to avoid confronting the Real.)

(슬라보예 지젝, 『탈이데올로기 시대의 이데올로기』)

35

반토대주의

언어의 지평 속에서 소통하고, 계몽하고, 성숙하고, 겸허하게 변화하려 한다면, 판단의 궁극적 토대를 따로 구할 필요가 없다. 소쉬르의 말대로, 어떤 순간에도 언어는 사회적 상호작용의 현상 밖에 독립된 실재로서 있을 수 없는 것이다.

체찰(體察)은 필요하지만 경험을 절대화할 이유가 없으며, 경험의 조건과 한계에 유의할 필요가 있지만 선험주의(transcendentalism)에 붙박일 필요가 없고, 언어적 교환은 늘 미진하지만 그렇다고 해서 초월적 토대를 상정할 필요가 없다.

스스로 틈과 통기를 설정해두는 메타적 시선을 놓치는 순간 그 모든 믿음의 체계는 이데올로기적 토대로 굳어간다. 그럼에도 불구하고 언어의 자의성과 역사성, 그리고 그 정신분석적 함의와 정치적 맥락에 충분히 유의한다면, '언어적 존재'(homo linguisticus)는 인간 존재에 대한 가장 탁월한 해명 중 하나일 수밖에 없다. 그래서 반토대주의의 비토대적 토대는 언어다. 언어로 바벨탑을 쌓을 수 없는 것.

36

이데아 · 지각 · 대화

'인간'을 마주한 채 좌정할 수 있는 진리로서의 이데아(ιδεα)로부터 '개인'의 지각(perceptio)으로 관심이 옮겨가면서 철학적 근대가 열렸다. 물론 그다음은 대화와 합의로 나아갈 수밖에 없다. 객관적 초월이 주관적 내재를 거쳐 마침내 사회적 관계에 머문 셈이다. 철학적 근대를 충분히 오염시킨 자리, 지각과 인식을 대화와 합의로 충분히 어지럽히는 과정은, 문학적 공간의 개현 · 확산과 대체로 일치한다.

37

헤겔에게서 벗어나기

헤겔에게서 벗어나기 위한 길은 단지 그의 객관적 관념론을 그의 논리에 준해서 치는 것이 아니라 그의 어휘나 그의 문체와 작별하는 길 속에서 완성된다. 이른바 '적대적 공생'의 짝패 구조를 벗어나려면 그 어휘와 문법, 코드와 맥락, 주제별 관심과 학문사적 지향을 다소 파국적으로 벗어나야 한다. 가령 엥겔스는 마르크스와 그의 역사유물론을 거론하는 자리에서 이런 식으로 헤겔과 변별하려고 한다. 알튀세르 역시 마르크스주의 철학을 논급하는 자리에서 이런 식의 실천적 변별을 말한다.

"따라서 나는 철학 전통에서 유물론이라는 주문(呪文)은 동시에 하나의 요구의 표시, 즉 관념론/유물론이라는 거울 대쌍(對雙)에서 벗어나지는 않으면서, 포기할 수 없으면서, 관념론을 부정해야 한다는 표시라 말하고자 합니다. 따라서 그것은 하나의 표시이지만 동시에 함정이기도 합니다. 왜냐하면 관념론의 반대물을 택함으로써, 관념론의 반대로 진술함으로써, 관념론을 '전도' 시킴으로써 관념론에서 벗어날 수는 없기 때문입니다. 따라서 경계심이 없이 유물론에 대해서 말해서는 안 됩니다. 말과 실제는 다릅니다. 주의 깊게 분석해보면 대부분의 유물론은 전도된 관념론들일 뿐입니다."(루이 알튀세르, 『철학에 대하여』)

그러나 알튀세르는 '어휘' 가 아니라 '구조' 에 머물고, 어휘와 문법을 통한 결별의 양식은 그 제자들의 몫으로 남는다. 물론 그로서는 마땅히 "'어휘' 가 아니라 '구조' 에 머물"러야만 했을 것이다.

"만약 마르크스주의 변증법이 헤겔의 변증법에 대해 '원리적으로' 대립한다면, 만약 마르크스주의 변증법이 신비적이고-신비화되고-신비화시키는 것이 아니라 합리적이라면, 그 근본적인 차이는 마르크스주의 변증법의 본질 속에서, 그 규정성들과 고유한 구조들 속에서 드러나야 한다는 것이다. 명료하게 말한다면, 이 결론은 부정, 부정의 부정, 대립물의 통일, 지양, 양질전화, 모순 등등의 헤겔 변증법의 근본적 구조들이 마르크스에 있어서는 헤겔에게서 가졌던 것과는 상이한 구조를 갖는다는 것을 내포한다."(루이 알튀세르, 『마르크스를 위하여』)

계속해서 알튀세르는 헤겔과 마르크스 사이의 형식적 전도(顚倒)만으로 진정한 유물론적 철학이 생성될 수 없다고 주장한다. 적대적 대쌍관계를 넘어서기 위해서는 심층적 '변형'이 긴요하다는 것이다. 그가 철학의 전화(la transformation de la philosopie)를 말하거나 중층(過)결정을 강조하는 이유도 이와 관련된다:

"바로 이 때문에 헤겔 변증법의 마르크스주의적 '전복'은 순수하고 단순한 추측과는 전혀 다른 것이다. 변증법의 헤겔적 구조가 헤겔의 세계관에 대해, 즉 그의 사변 철학에 대해 유지하고 있는 긴밀하고도 내밀한 관계를 명료하게 포착한다면, 이 변증법 자체의 구조들을 심층적으로 변형시킬 수밖에 없는 상황에 처하지 않으면서 이 세계관을 진정으로 집어던져 버리는 것은 불가능하다. 이 변증법 자체의 구조들을 심층적으로 변형시키지 않는다면 우리는, 우리가 원하건 원하지 않건 간에, 그 유명한 '신비적 외피'의 누더기를 걸치고 있어야 할 것이다."(루이 알튀세르, 『마르크스를 위하여』)

예를 들어 로티의 작업을 알튀세르의 작업과 대비하는 일은 그 자체로 난감하고 곤혹스러운 경험이다. 로티가 야생난(野生蘭)과 더불어 자주 트로츠키를 들먹이긴 하지만, 그것은 모종의 알리바이로 변한 추억의 저편을 가리킬 뿐 마르크스주의는 그 자신의 사상적 계보 속에서 어휘적 차별성으로만 호출된다. 그래서 그에게 역사란 '계승되는 메타포들의 역사'가 된다. 그러므로 마르크스나 알튀세르가 헤겔에서 벗어나지 못했듯이 로티의 방식 역시 제대로 벗어나는 것이라고 할 수는 없다.

"인간의 역사란 계승되는 메타포들의 역사라는 의미에서, 이제 우리는 새로운 낱말을 만드는 자라는 발생적 의미에서의 시인들을 종족의 선구자인 새로운 언어의 형성자로 보게 될 것이다."(로티, 『우연성, 아이러니, 연대성』)

38

메타포의 사회철학

무술이라면 실전(實戰)을 통해 증명하는 수밖에 없다. 상대를 대하는 순간 그 모든 형(型)은 잊어야 한다. 그 기억에 매달리는 순간 그것은 이미 지는 싸움이다. 그 기억의 내용은 변전하는 싸움의 계기에서 더러 약(藥)이 되겠지만, 기억이라는 형식에 집착하는 것은 돌이킬 수 없는 독(毒)이기 때문이다. 무술과 달리 아무리 떠벌리기 좋아하는 '공부' 라고 하더라도 성숙과 변화의 실제로써 그 탈관념론적 지향을 증명할 수밖에 없다. '메타포' 를 자아 창조와 사회적 수행의 매개로 삼는 로티의 작업도 그런 점에서 제 나름의 탈관념론이다. 그는 특히 니체에 기대고 있는데, 그 요체는 '니체의 사회철학화' 다.

"니체는 자기인식을 자아 창조라고 보았다. 자기 자신을 알기에 이르는 과정, 자신의 우연성과 대면하는 과정, 자신의 원인을 추적하는 과정, 즉 무언가 참신한 메타포를 생각해내는 과정과 동일시한다. 왜냐하면 개별성에 대한 어떠한 문자적 서술도, 바꿔 말해서 그러한 목적에서 전승된 언어놀이를 어떻게 사용한다고 해도 그것은 필연적으로 실패할 것이기 때문이다."(로티, 『우연성, 아이러니, 연대성』)

그가 말하는 '시화(詩化)된 사회'의 주체는 시인-아이러니스트인데, 특별히 철학자와 대비되는 시인은 무엇보다 참신하고 새로운 메타포를 만드는 자로 표상된다. 신학의 규제 아래 경건성을 내세웠던 중세적 사회에서 과학의 규제 아래 합리성을 내세운 근대적 사회를 거쳐 마침내 시성(詩性, poeticity)을 내세우는 언어적 · 비물질노동적 사회로 진입하게 될 때 그 누군가는 메타포의 물질성을 화두로서 붙잡게 될 법도 하다.

그는 헤세(Mary Hesse)의 말을 빌려 "과학적 혁명도 자연의 내적 성질의 통찰이 아니라 자연에 대한 메타포적 재서술"이라고 말한다. 과학을 메타포적 재서술로 보는 입장은, "과학을 이야기적 문화가족 속에 있는 하나의 변종으로 취급"하는 리오타르(『포스트모던적 조건』)의 지식론과 닮았고, 파이어아벤트 등의 포스트모던 과학철학자들의 입각점과도 일맥상통한다. 잘 알려진 대로 리오타르는 비트겐슈타인의 언어게임(Sprachspiel) 이론을 차용해서 과학적 지식도 그 나름의 언어게임에 불과하며, 또 '이야기들' 이라는 인간적 삶의 배경에 등을 돌린 채 스스로를 정당화할 수 없다고 주장한다. 그가 "이야기적 지식은 정당화 문제에 특별한 가치를 부여치 않고, 논증 · 증거 제시에 의존치 않으며 전달의 화용론에 의해 스스로 신뢰를 획득"한다고 주장할 때 그의 논거는 전적으로 비트겐슈타인적인 것이다. 하지만 로티는 언어게임 대신 주로 '메타포' 나 '재서술' 이라는 말을 애용하고, 언어게임의 서사적 중성성 대신 자아의 창조나 사회적 실행을 얘기함으로써 비트겐슈타인적 화용론을 사회철학의 일종으로 변형시키려고 한다.

"우리는 계몽주의의 희망처럼 문화 전체가 합리화되거나 과학화될 수 있는 게 아니라 문화 전체가 시화(詩化)될 수 있으리라는 희망에서 자유주의에 대한 재서술을 필요로 한다. (…) 내 견해로는 이상적인 자유주의의 정치 형태는 그 문화적 영웅이 전사, 성직자, 현자, 진리를 추구하는 논리적이고 객관적인 과학자 등이 아니라 블룸의 '대담한 시인' 이다."(로티, 『우연성, 아이러니, 연대성』)

39

재서술

재서술은 특이한 게 아니다. 실은 모든 글(쓰기)은 재서술의 과정일 수밖에 없다. 재서술이 아니라면 '말씀'(logos)만을 담은 경전이 있거나 그것조차 답답하여 직지인심 · 이심전심하는 직선의 세계만이 있을 터다. 글은 결국 글의 바깥과 직접적 · 실재적으로 관련을 맺을 수 없는 체계의 일부이며, 재서술이란 체계의 바깥으로 달아나지 못하는 그 체계의 자기차이화가 빚는 원형적 효과일 뿐이다. 이른바 '이언의언'(離言依言)(원효), 혹은 고슴도치 딜레마(hedgehog dilemma)와 같다.

스피노자의 형이상학을 해설하는 자리에서 나온 말이라 조금 어색한 점이 없진 않지만, 들뢰즈의 말처럼 "표현은 그것이 표현하는 것을 펼치고 전개함과 동시에 그것을 감싸고 함축한다."(『스피노자와 표현의 문제』) 따라서 표현은 이미 그 행위 자체가 비표현적 완결성을 전제할 수 없는 것이다. 서술이 곧 재서술이듯이, 표현은 곧 또 다른 표현을 감싸고 함축한다. 다시 돌아보면, 수년 전 국내의 중견 인문학자들이 제창한 이른바 '표현인문학'이 무엇보다도 그 행위와 과정 자체에서 한층 더 표현적이었어야 하는 이유가 거기에 있다.

혹은 인간됨이라는 소격(疏隔)의 효과, 혹은 사물로부터의 반자연적 이탈 그 자체가 글쓰기로 나타난다. "글쓰기란 말과 사물을 떼어놓는 빈 공간을 통과하려고 애쓰는 것, 사물이 (지각을) 벗어난다는 사실을 검증하는 것이 아닐까? 이는 대상의 상실을 무릅쓴다는 것과, 이 상실을 대상이 변형되어 다시 나타나게 될 작품의 조건으로 받아들인다는 것을 전제로 한다. 그와 반대로 이 경험에 뒤따르는 우울증을 띤 불안을 감당할 능력이 없을 때, 문학활동은 억압된다. 안나 세갈은 주목할 만한 한 여환자의 사례를 인용한다. 이 환자는 글쓰기란 결국 무한한 단일성을 산산이 조각내고 사물들을 잘게 부수고 자르기 때문에 낱말을 사용하기를 포기했다. 그 여자는 도저히 글을 쓸 수 없는 상태가 되었는데, 왜냐하면 '대상을 명명하는 순간, 당신은 곧바로 그것을 상실하게 됩니다' 라고 그녀는 분석가에게 말하곤 했기 때문이다."(미셸 콜로, 『현대시와 지평구조』)

40

어긋남과 재서술(1)

인생 그 자체가 어긋남이듯이 글쓰기 그 자체는 재서술이다. 어긋남은 재서술의 기획 속에 들어 있지 않지만, 재서술은 필연적으로 어긋나면서 다시 재서술로 나아간다.

41

어긋남과 재서술(2)

인생이 기계적, 혹은 신적 자기완결성을 갖추었다면, 그래서 어긋나지 않는다면, 글쓰기는 아예 생겨나지도 않았을 것이다. 글쓰기는 그 자체가 어긋남이다. 루만(N. Luhmann)의 표현처럼, "환경이 그 체계에 대하여 전혀 중요하지 않거나 특수화된 경로를 통해서만 의미를 가지는 그런 체계"(『사회체계이론』)라는 의미에서 '닫힌 체계'인 셈이다. 실재와의 직접적 사통(私通)을 주장했던 문자근본주의적 태도들을 뒤로한 채, 글쓰기는 자기차이화의 어긋남으로써 운신할 수밖에 없다. 기계는 복사하고 신(神)은 말씀하시되, 인간은 글을 쓰는 운명이다. 글은 이미 그 자체로 인생이라는 어긋남의 표식이기 때문이다.

42

어긋남과 재서술(3)

'인문'(人紋)을 따라 걷는 일이라면, 그리고 어긋남이라는 피할 수 없는 사태가 인문의 구성적 여건이라면 문학이 근본이라는 사실은 자명하다. 철학이나 과학은 물론이거니와 역사조차도 어긋남을 기피하려 하지만, 문학은 오직 어긋남으로만 존재하기 때문이다. 전문화된 학술 연구의 단위로서의 문학은 별개로 하더라도, 문학적 감성, 문학적 공간에의 참여, 문학적 어긋남의 시행착오가 없이는 글(쓰기)로서의 학문은 아예 시작되지도 못한다.

물론 글쓰기가 없는 학문을 읊어대는 자들도 적지 않다는 것을 알지만, 그들은 그 자신의 자가당착을 볼 수 없을 만치 근시안적이다. 그들은 21세기에도 여전한 플라톤주의자들이며 뉴턴주의자들이다. 문학적 서술이 사혜(私慧)에 포박되기 쉽다는 지적은 정당하지만, 그렇다고 그것이 소지(小智)에 머무는 것은 아니다.

43

어긋남과 재서술(4)

환상의 3가지 형식인 종교, 사랑, 그리고 자기애(narcissism)/자기지식(méconnaissance)은 물론 근본적인 어긋남의 구조를 지닌다. 그것은 현상이나 사건이기 이전에 이미 증상이며 구조적인 사태다. 그러므로 어긋남과 싸우는 것은 필경 자기선택일 수밖에 없는데, 어긋남은 환상이나 인간적 쾌락과 구성적으로 연루된 형식이기 때문이다.

문학과 인문학은 무엇보다도 바로 이 어긋남을 탐색하려는 특정한 재서술의 노력이다. 물론 인문(人紋)이란 그 일련의 재서술의 내력과 무게, 그 확산과 재배치 속에서 변증법적으로 생명을 이어간다. 그 어긋남의 총괄적 배경이자 갖은 맥락으로서의 세속(世俗), 그 어긋남의 패턴과 형식, 그리고 그 어긋남의 이치와 함의를 따지고 헤아리는 노릇은 곧 인생의 근원적 어리석음을 살피는 일이며 문자학으로서의 인문학적 공부가 시작되는 곳이기도 하다. 어리석어서 세속이며 어리석어서 인생이라면, 몸을 바꾼 이들이 세속을 뚫어내는 부사적 연대의 충실성이 곧 공부의 현명함이다.

44

어긋남과 재서술(5)

"과오가 있을는지도 모른다는 가능성은 전혀 계산에 넣지 않는 것이 관청 사무의 원칙이지요."(카프카, 『성』)

"미래는 관료제사회다."(막스 베버, 『관료지배와 정치적 리더십』)

그러나 성(城)의 관청과는 달리 '세속'이라는 사람의 마을에서는 모든 것이 어긋나며, 따라서 관료의 사무가 아니라 인간의 재서술이 쉼 없이 재개된다. 마찬가지로, 미래의 인문학 운동은 기술주의와 결합한 관료제를 배경으로 진행되어야 한다.

일찍이 에리히 프롬 등이 좌우의 이념 논쟁이 종식된 자리에 관료제와의 투쟁을 예상했지만, 기계화된 관료주의는 기능적 효율성의 기치 아래 이미 우리의 일상이 되었다. 과오 없는 계산(fehlerfreie Rechnungen)도 아니며 생각 속의 어긋남도 아니라면, 재서술의 정치학과 충실성의 윤리학은 인문학이 싸워야 하는 '지는 싸움'의 대열에서 언제나 전위다.

45

어긋남과 재서술(6)

'생성 중인 존재'(being-in-the-making)라거나 '길 위의 존재'(being-on-the-road)라거나 혹은 '(이미) 여기에 없는 존재'(weg-sein)라는 등의 익숙한 정의 역시 세속의 어긋남과 인문(人紋)의 재서술이 교차하는 부분을 단층적으로 응결시켜 보여준다. 인간의 욕망은 마침내 도달한 '여기'에 이미 없다. 라캉의 표현처럼 오직 부재하기에 기표적 연쇄의 동력을 이루는 인간의 욕망은 차라리 치명적일 정도로 그 '너머'를 향해 투신한다. 세속은 늘 지나치거나 모자라는데, 바로 그것이 세속이라는 이름의 어리석음에 대한 가장 기초적인 표상이다.

45

어긋남과 재서술(7)

재서술은 지식인의 공과(功過)를 고스란히 내보이는 결절점이다. 재서술은 마치 서술의 종점이기라도 한 듯 때로 지극한 조심과 겸허를 요구하는 한편, 그것은 즐겨 혼성모방과 표절로 이어지기 십상이기 때문이다.

그러므로 지식인은 신(神)이 아니다. 괴테나 니체의 글에서 확인할 수 있듯이 글쓰기는 종종 신-컴플렉스(god-complex)의 덫 속으로 내달리곤 한다. 그러나 오직 술어(述語)들의 대양 속에서 오리처럼 발을 저어야 하는 지식인의 운명은 재서술이며, 신은 (칸트의 말처럼) 술어(개념) 없는 직관 속에서 직접적으로 세상을 창조할 뿐이다.

47

사육장(飼育場) 쪽으로

편혜영의 단편 「사육장 쪽으로」는 '지옥으로 가는 길은 호의로 포장되어 있다'(마르크스)는 명구를 떠올리게 한다. (워낙 그 포장로의 재질은 호의인데, 아니라면 도대체 왜 그렇게 많은 사람들이 지옥으로 몰리겠는가?) 그들은 행복을 찾아 전원주택으로 갔지만, 그쪽은 '사육장—사육장! 그것이 대체 무엇이든지 이 글의 논의에서는 별무상관!—쪽'이었다. 어느 날의 어느 순간, 워낙 전원주택의 풍경 속에 있을 수 없었던 개들의 습격이 번연히 벌어졌고, 피투성이가 된 아이를 차에 싣고 달리는 그들 앞에 병원은 좀처럼 보이지 않는다. "마당에 나와 화단에 물을 주고 있"는 어느 사내는 '병원은 사육장 쪽에 있다'고 다급하게 소리쳐주었다. (이 외침은 '2010년에 지구가 종말을 고한다' 거나 '진리가 너희를 자유케 하리라' 라는 문장을 연상시키지 않는가?) 그러나 속력을 한껏 올린 채 그쪽으로 달려도 병원은 나타나지 않고, "개 짖는 소리가 가로등처럼 그들을 인도하"는 가운데 그들은 "그들이 닿는 곳이 사육장 쪽이면 좋겠다고 생각"하면서 "사육장 쪽으로 가기 위해 속력을 높"인다. (우리 모두는 우리들이 닿는 곳이 '거기' 이면 좋겠다고 '생각' 하면서 '거기' 로 가기 위해서 속력을 높이는데, 결국 높아진 것은 '생각' 뿐이다.)

48

성(城)

K는 카프카의 『성』(1926)에 들어가지 못한 채 이 미완의 소설은 끝이 난다. K가 성(城)에 접근하고 부딪히고 또 어긋나는 가운데 배어나는 해석적 함의는 다층적으로 분광하면서 잠시라도 삶 그 자체에 진지했던 모든 독자들을 존재론적으로 삼킨다.

49

재서술과 아이러니즘

고칠 수 없다는, 고치지 않겠다는 고집도 아니다. 고칠 수밖에 없는 실수도, 고치기를 자초하는 변덕도 아니다. 자발적으로 고치는 여유와 수완과 자기인식과 겸허, 그 속에서야 고침(재서술)은 아이러니와 이어진다. 다시 로티 식으로 말하자면, 사형을 담보로 한 재판 속에서 소크라테스가 벌이는 그 놀라운 재서술의 힘은 곧 아이러니즘의 원형을 이룬다.

"아이러니즘은 내가 정의한 바에 따르면 재서술의 파워를 인식한 결과로 도출된다. 하지만 대부분의 사람들은 재서술되기를 원치 않는다. 그들은 자신의 용어들로, 즉 그들의 현재

모습대로 그리고 그들이 말하는 바 그대로 진지하게 받아들여지기를 바란다."(로티, 『우연성, 아이러니, 연대성』)

재서술의 유연성이 진지하지 않다는 게 아니다. 유연하다는 게 변덕스럽다는 게 아니듯, 진지하다는 게 고집스럽다는 것도 아니기 때문이다. "아이러니즘은 재서술의 파워를 인식한 결과로 도출"한 것이라고 할 때, 실로 아이러니즘은 별스러운 미덕이 아니라 지식인이 자신을 주체화하는 과정의 피할 수 없는 일부이며, 나아가서 그 생활양식의 일부일 수밖에 없다. '잘못 말함으로써 주체화한다' (지젝)는 지적은 '재서술함으로써 주체화한다' 는 것과 그리 다르지 않은, 문학적 공간 속에서의 어긋남의 체험과 이어진다.

50

아이러니스트

로티에 의하면, 아이러니스트는 지속적인 재서술의 수행을 통해 최선의 '자아'를 만들어가려는 자다. (그러나 로티는 단 한 차례도 그 자아의 성별을 헤아리지 않는다. 이른바 '자아의 서사'를 꾸려가는 데에도 남녀는 예의 그 비대칭성을 불식시킬 수 없지만, 로티의 아이러니스트는 그 성별이 불분명하다. 가령 짐멜에서부터 기든스나 울리히 벡에 이르는 여러 사회학자들은 남녀 사이에 엄연한 사회학적 비대칭성이 자아의 서사적 구성에도 현저한 차이를 낳는다고 주장하지만, 이 대목에 대한 로티의 생각은 찾아보기 어렵다.) 한편, 바로 그 아이러니스트는 정의상 "시간과 기회 이상의 무엇을 포기할 만큼 역사주의자이며 명목론자인 사람"이기도 하다. 무상한 시공간 속에서 쉼 없는 재서술을 자초하는 아이러니즘이 조형해낼 인간은 세속의 근본적 우연성 속에서도 실천적이고, 자기 자신의 욕구나 어휘가 실재적 · 자연적이라고 믿지 않으면서도 그 욕구나 어휘의 교정과 개선에 최선을 다한다.

그러나 이 모든 해명의 무게중심은, '논변이 아니라 다르게 말하는 재주가 문화적 변혁의 도구' 라는 주장으로 모인다. 스스로를 '마지막' (final)이라는 권좌 속에 붙박은 채 굳어져가는 어휘들에 근본적이며 지속적인 의심을 던지는 일, 그리고 다르게 말하려는 관심과 그 실천으로써 보다 나은 관계와 사회를 만들어내는 일이 일개 관념의 유희가 아님을 구체적으로 증명하는 데에 아이러니즘의 요체가 있는 것이다.

51

아이러니즘과 도시

도시는 육체를 바꾼다. 그러므로 내가 조형해온 '몸이 좋은 사람' 이라는 개념은 우선적으로 도시 연구의 이론적 성과와 그 실천에 터를 둔다. 이 시대의 세속을 지나면서 자신을 바꾸려는 자는 문명화가, 근대화가, 서구화가, 자본주의화가 그리고 도시화가 어떻게 자신의 피와 살이 되어갔는지를, 마치 존재의 생선회를 치는 듯한 기분으로 더듬어 올라가지 않으면 안 된다. 특별히 그 도시가 살지운 내 존재의 리듬, 그 도시가 수혈한 내 존재의 템포를 해체하거나 교란시키면서도 이드거니-다르게 생산할 수 있는 삶의 양식이 없이는 불가능하다. 타인들도 템포이자 리듬이며, 이웃들도 템포이자 리듬이라면,

그것은 모두 도시의 것이다.

그렇기에 내가 말해온 '산책'은 자본제적 삶의 양식이 체질화한 도시를 배경으로 해서만 가능해지는 창의적 불화의 양식이다. 산책은 자본제적 도시의 템포와 리듬과의 생산적 불화이며, 타인(이웃)과 물상을 대하는 방식의 비(非)도시적 근기다. 하지만 그것은 귀농이라거나 생태주의적 삶의 지향과 우연찮게 친화하더라도 실은 서로 별무상관이다. 그것으로 상처입은 루소적 세계나 발가벗고 돌아다니는 소로우적 세계를 떠올려서도 곤란하다. 산책은 지역도 이념도 아니다. 그것은 오직 자본제적 도시-체계에 대한 생산적 불화의 생활양식일 뿐이다.

도시는 육체를 바꾼다. 러시아를 제외하곤, 산업화 이후의 도시들에서 남자-춤꾼들이 급속히 감소했다는 사실은 육체가 도시의 시공간적 규율에 적응해갔다는 점을 단적으로 일깨우는 보고다. 산업화-도시화 이후 한때 질병의 하나로서 진단되었던 노스탤지어가 소실되었다는 의학계의 보고도 덧붙일 만하다. 그러고 보면 말씨 역시 워낙 육체성의 일부인지라, 지역의 편차 못지않게 도시화에 따른 육체의 변화에 의해 설명될 수 있는 부분인 것이다.

브로노브스키(J. Bronowski)는 이제는 고전이 된 그의 책 『서양의 지적 전통』(*The Western Intellectual Tradition*, 1975)에서, "풍자는 도시성이나 세계시민주의와 밀접하게 관련된다"고 주장한 바 있다. 손쉽게 와일드(O. Wilde)의 도시주의를 떠올리게 하는 이 구절은 도시화의 양가성을 간략하게 정리해 준다. 아이러니즘도 결국 도시의 것이다. 마찬가지로 재서술 역시 도시주의, 혹은 나아가서 세계시민주의(cosmopolitanism)와 관련될 수밖에 없는데, 로티의 글 속에서는 이 대목에 대한 분석이 빠져 있다. 생체의 리듬이 자연의 시공간에 순응해 있는 농촌 공동체에서는 워낙 '다르게 말하기'가 그 자체로는 실속이 없는 짓이고, 생활세계 속에서 체득된 '자연적인 것'이 실질적인 실재로 기능하고 있기 때문에 '지속적인 재서술'의 수행은 별무소용이다. 아이러니즘이나 재서술은 기본적으로 언어적 소통이 사회 변화의 계기로 작동할 수 있는 도시 네트워크-사회 속에서의 인문적 가능성이다.

52

아이러니즘과 번역

아이러니즘이 재서술의 파워를 인식한 결과로 도출된다고 한다면, 아이러니즘은 번역적 감성이기도 하다. 문화의 미래가 더 풍성해진 영혼의 그 재귀주의(再歸主義)밖에 없다고 했던 짐멜의 말처럼, 재서술의 미래 역시 더 풍성해져서 되돌아오는 그 재 · 재 · 재서술밖에 없고, 마찬가지로 번역의 미래 역시 재번역의 수행밖에 있을 수 없기 때문이다. '원초적 번역의 불확정성'(indeterminacy of radical translation, W.V.O 콰인)이 시사하듯이, 번역의 (원초적) 토대를 제공함으로써 실재와의 직접적 호환(互換)에 접근할 도리가 실제적으로 없다.

괴테가 단도직입적으로 지적한 적이 있지만, 외국어를 접하는 일은 필경 자기 자신을 아는 문제로 귀결된다. 외국어로 세상을 다시 접하는 일은, (내가 다른 글에서 소개한 에피소드처럼) 마치 내가 난생 처음으로 여자의 치마를 입은 채 무대에 올랐던 일과 유사한 체험이다. 나는 그 치마의 완벽한 허전함이 선사한 기이한 낯섦 속에서 여자에 대한 내 이해 방식을 근본적으로 재고하게 되었고, 더불어 내가 남자라는 그 완고한 사실이 예상치 않게 실그러질 수 있는 가능성의 한 길을 단숨에 깨단하게 되었다. 요컨대 외국어로 세상을 접하는 일은, 근본적으로 모국어를 외국어로 보게 함으로써 모국어의 자연성에서 벗어나게 하는 귀중한 인문학적 체험인 것이다. (오직 모국어를 외국어의 일종으로 이해할 경우에만 외국어는 모국어를 향해서 미소를 띠며 다가올 것!) 정주(定住)한 채로 시속의 도그마에 붙어사는 자라면 외국어란 그저 테크닉의 문제일 뿐이다. 그러나 정신적 이주자라면, 그 어느 곳이든 타향일 수밖에 없는 자라면 그는 이미 '번역적 존재'이며, 모국어 속에서도 결코 자연스럽지 않은 '전 세계를 하나의 타향으로 보는 사람'(빅토르 위고)인 것이다.

아이러니즘은 본질적으로 자기 자신을 체계와 시속으로부터 점점이 유배시키는 이방인적 사유의 결실이다. 자기 자신의 존재와 체험을 쉼 없이 재서술하려는 아이러니즘의 욕망은 세속을 다차원적 · 다층적으로 구성하려는 번역적 감성이며, 삶의 조건을 자연화시키려는 본질주의자의 욕심에 대한 견결한 저항이다.

3장

조화(造花)는 오래지 않아 조화(弔花)로 바뀐다. 조(造)와 조(弔) 사이의 거리는 내가 말한 문화(文化)와 문화(文禍) 사이의 거리와 정확히 일치한다. 조화(造花)는 불멸의 것, 무생명의 영생으로서 그 모든 죽어갈 것들을 축복하지만 이울고 죽지 못해, 오히려 죽을 수 없어 메마른 가례 속에 돌이킬 수 없이 피폐해간다. 현명하지 못한 호의나 성숙하지 못한 신의가 의도보다 빠르게 관계의 치욕을 불러들이듯이, 삶의 원초적 어긋남과 인생의 근원적 사이성(Zwischensein)을 망각한 문화(文化)는 필연코 문화(文禍)를 낳게 된다.

53

상호작용의 형식

짐멜의 「비밀의 사회학」이라는 에세이는 그 제목 자체가 통념이 둘러친 사회학적 테두리를 허문다. 구조나 체계나 제도, 혹은 각종의 통계치에 잡힌 사회적 현상들의 목록 사이에서 '비밀'을 놓아두기가 왠지 뜨악하다. 지금에야 작은 이야기들(microécrits)을 주제화하는 사회학적 혹은 역사학적 논의가 활성화된 지도 꽤 오래되어 당연하겠지만, 마르크스나 뒤르켕 혹은 베버와 같은 대가급 지성들의 그늘 아래 과학적 · 논리적 글쓰기가 지배적이던 당시, 비밀, 편지, 연애, 장신구, 얼굴, 그리고 다리 등등의 대상들을 놓고 단편적 · 비주류적 에세이를 써대는 일은 그리 환영받지 못할 노릇이었다.

비밀이나 편지 혹은 장신구나 다리와 같은 (일견 '비사회학적') 대상에 집착했던 이유는 그가 이해한 사회학적 탐구의 성격에서 비롯된다. 잘 알려져 있듯이, 그는 기본적으로 '상호작용'의 측면에서 자신이 추구하는 사회학에 접근하려고 했다. 노동-상호작용이라는 대조적 개념으로써 좌우의 지적 관심을 대별하는 데에서 알 수 있듯이, 그의 이념적 노선은 그의 친구였던 베버처럼 오른쪽으로 기울어 있었다. 그의 사회학을 일러 '형식사회학'이라고도 하지만, 그는 특정한 사회적 대상(내용)보다는 오히려 그 대상이 포함된(중심으로 이루어진) 상호작용의 형식에 관심을 집중시킨다. 문맥에 따라서는 다소 애매한 구석이 있긴 하지만, 그는 그 형식에 모종의 선험성을 부여하는 듯한 발언마저 서슴지 않을 정도다. 따라서 이 같은 배경을 업고 다시 보자면 짐멜이 비밀이나 편지 등속을 사회학적 대상으로 여긴 까닭을 알아챌 수 있다. 앞서 말했듯이, 비밀도 바로 그것이 중심으로 이루어진 상호작용의 형식 속에 그 알짜를 지니기 때문이다.

"모든 심오하고 의미 있는 것을 덮어 숨기는 비밀은 모든 신비로운 것을 근본적이고 중요한 그 무엇이라고 표상하는 전형적인 오류가 발생하는 진원지이다."(짐멜, 「비밀의 사회학」)

짐멜은 인류의 가장 위대한 업적 중의 하나로서 비밀을 든다. 엉뚱한 소리 같긴 하지만, 인간만이 지닌 독특한 상호작용의 형식으로서 비밀을 거론하는 데에는 별 이론이 없을 것이다. 니체는 인류라는 종의 특징으로서 (그리고 그의 초인 개념을 설명하는 자리에서) '약속할 수 있는 능력'을 말하는데, 자세히 살피면 약속이나 비밀은 유독 인간들만이 생성 · 유지시킬 수 있는 독특한 상호작용의 형식이라는 측면에서는 매우 유사하다. 예를 들어, 비밀과 약속이라는 상호작용의 형식으로 조직된 개미들이나 메뚜기들의 집단적 활동은 그 자체로 인간에게 공포가 아닐런지?

그런데 문학적 공간 역시 인간들 사이에서 이루어지는 상호작용의 공간, 아니 '장소'다. 문학은 늘 상호작용의 '장소(화)'라는 점에서, 제 나름대로 개념의 체계를 이루고 그 체계적 배타성을 틀로 삼아 존속할 수밖에 없는 다른 문자학들과 다르다. 그러므로 상호작용의 무늬(紋)를 그려나가는 인문학적 탐색이 문학을 그 바탕에 놓을 것은 당연하다. (인문학자라면 자신의 전공에 무관하게 일상적으로 시나 소설을 가까이해야 하는데, 그것은 어부들이 물고기를 잡기 전에 먼저 물길을 알아야 하는 이치와도 같다.) 문학은 그 상호작용의 형식에 얹힌 세속적 어리석음의 서사, 그 희비극의 서사다. 이때의 '서사'란, 물론, 고정된 진리체계를 거부하며 시공간의 우연성에 따라 쉼 없이 변전하는 세속의 이야기들이다. 주어진 시작이나 귀결해야 할 끝도 없이, 아무데서나 어떻게든 시작해야 하는 일이다. 그러므로 비록 '형식'이라는 단서가 붙긴 했으나, 짐멜이 상호작용에 관심을 모은 것은 그의 사회학적 탐색이 문학적 혹은 미학적 코드와 접속하는 효과를 내도록 한다. 물론 그가 마르크스처럼 글을 쓸 수도 없겠지만, 그는 베버나 뒤르켕처럼 쓰지도 않는다.

54

다리

"사회학자 짐멜은 다리, 문, 창구, 통로 등 모든 종류의 물질적이고 상징적인 횡단에 각별한 취미를 갖고 있었다. 그는 이러한 것들을 아름답다고 생각하여 즐겨 사색했다."(니콜 라피에르, 『다른 곳을 사유하자』)

짐멜이 사회학을 상호작용, 혹은 관계의 학문으로 본 것은 그 자신의 처지와도 관련되는 시각이다. 그는 스스로를 '방랑의 지식인'으로 자처했고, 학문제도적 입신의 과정에서나 학문적 입지에서도 평생 이런저런 불이익과 오해를 받으며 자신의 길을 뚫어나갔다. 그리고 그 같은 이방인적 체험은 그의 학문적 태도와 시각 속에 녹아들어 있다. 예를 들어 한나 아렌트, 벤야민, 아도르노, 레비나스 등 전쟁과 박해의 소용돌이 속에서 이주해야만 했던 이들의 사유 속에는 그 흔적이 상흔처럼 남아 있게 마련이다.

그는 1909년에 「다리와 문」(Brücke und Tür)이라는 흥미로운 에세이를 발표했다. 그리고 다리와 문이라는 평범한 주제 속에서 '경계인' 으로서의 인간 존재를 유추해낸다. 다리와 문이라는 형식처럼 "자유롭게 경계를 설정하는 것은 인간의 본질"이면서, 그 분리된 양쪽을 목적 지향적 사고나 욕구 속에서 결합시키는 것 역시 인간적인 관심이라는 것이다. "다리를 놓기 위해선 먼저 정신적으로 양 기슭이 분리된 것으로 표상" 해야 하지만, 다리는 거리를 극복하며 이로써 자연을 넘어서는 종합을 이루면서 결국은 풍경에 귀속된다고 말한다.

그 자신이 이방인으로서의 소외감, 그 거리감을 극복하는 교량적 사유의 귀재였다는 사실은 이 에세이에 기묘한 흥미를 더한다. 학문적 아웃사이더가 그리는 어지러운 궤적을 두고 종종 아마추어리즘의 혐의를 두곤 하지만, 한편 그것은 헤겔이 아닌 니체나 베버가 아닌 짐멜 같은 아웃사이더들이 생존의 기법처럼 체질화한 '교량적 사유' 의 피할 수 없는 결과이기도 한 것이다. 제임스(W. James)는 '근본 경험론'(radical empiricism)을 논의하는 자리에서 '경험은 필연코 넘친다'는 취지의 말을 한 적이 있지만, 기존의 체제와 창의적인 불화를 일삼는 생산적 보행의 특징은 흐르고, 넘치고, 가로질러 간다는 점이다. 정주(定住)의 기득권에 얹힌 '세속적 시선'(E. 사이드)을 포기한 채 자기 자신을 '지나가는 자'로서 표상하고 이를 꾸준히 실천하는 지성이었던 짐멜은 당대의 그 누구도 흉내 낼 수 없는 풍성한 학제성을 구축했다. 이와 동시에 그는 불안정과 미완성이라는 바로 그 쉼 없는 이동의 비용을 지불할 수밖에 없었고, 실은 성취가 아니라 오히려 그 비용 속에 그의 진실이 번득인다.

"항상 뭔가 불안한 듯 이리저리 이동하는 그의 사유에는 열에 들떠 조급하고 예민한 그 무엇, 특별히 근대적인 어떤 것이 있었다."(Vladimir Jankélévich, La Tragédie de la culture et autre essais.)

55

다리와 문학적 공간

다리는 특별히 문학적인 공간, 소설적인 장소다. 「메디슨카운티의 다리」(1995)라는 '표현' 처럼, 어쩌면 이동일 뿐인 그것은 인간의 무늬를 띤 채 장소화된다. 그곳에서 서성이며 바장이고, 기다리고 질러가며, 어긋나며 되돌아온다. 그곳은 어느새 사연들의 장소가 되어 인문(人紋)의 한 결절을 이룬다. 이동통신 수단이 은하수처럼 거대한 물결을 이루고 있는 지금에야 시대착오적인 비유라고 할 수도 있겠다. 그러나 다리는, 너와 나 사이의 상호작용의 어긋남이나 단절의 풍경을 표상하는 가장 오래된 장치이자 무대다.

내가 10여 년을 살던 전주(全州), 그 전주천의 어느 곳에는 내가 '헤어지기 어려운 다리' 라고 이름 붙인 허름한 돌다리가 있다. 그곳은 내게 다만 이동의 물질적 매개에 불과한 게 아니었다. 그곳을 지나가면 자연히 멈추게 되고, 앉아서 물길을 살피게 되고, 없는 사연들을 되짚어보게 되고, 때론 천변을 거스르는 그 바람과 더불어 내 욕망을 엎고 내 희망을 비우게 된다.

56

사회학적 미학과 방랑적 시각의 모더니티

그의 사회학이 유행, 식사, 편지, 공예품, 연애유희, 그리고 자잘한 도시인의 삶의 습성을 조명하기 시작할 때 이미 그 사회학은 그 모든 사회학의 태생적 조건과 한계를 드러낸다. 그것은 돌이킬 수 없이 문학적 촉수와 감성을 건드린다. 짐멜의 작업의 일부를 '사회학적 미학'이라는 이름 아래 놓기도 하는데, 이 같은 그의 사회학적 탐색 방식과 특성을 감안하면 어렵지 않게 납득할 수 있는 부분이다. 도시의 개인사적 자장에 든 소소한 대상들을 건드리는 사회학이 미학을 비껴갈 수 없는 노릇이다.

얀켈레비치가 짐멜에게 "조급하고 예민한 그 무엇, 특별히 근대적인 어떤 것"이 있다고 했을 때, 그것은 도시 연구자인 모더니스트 짐멜의 상상과 재기를 쉽게 떠올리게 만든다. 그것은 본질적으로 히스테릭한 반응을 산문적으로 다스린 것이고, 도시의 번란(煩亂)한 교환과 이동 속에서 점진적으로 생성된 결과물들이다. 이처럼 모더니즘은 짐멜이나 벤야민, 아도르노나 아렌트와 같은 도시 간 이주자들의 방랑적 시각을 통해서 가장 뚜렷하게 드러난다. 그리고 이들의 시각을 통해서 모더니티의 지평을 이루는 그 경계선들이 확연해진다.

도시는 무엇보다 '이동'이며 그 이동의 템포이기 때문이다. 국제화니 세계화니 하는 현상들도 도시화의 이동이 자기 자신의 체계적 생존을 위해 확대재생산된 것이기 때문이다. 그리고 이동과 그 템포는 변화된 삶의 형식과 더불어 붙박이형의 장소(place)를 이동형의 공간(space)으로 바꾼다. 그런가 하면 '토호'(土豪)라는 말처럼 시골은 여전히 장소적이었으며, 그곳 삶의 양식을 뒷받침하는 갖은 질서와 기운에 의해 주민들은 그 장소(땅)에 토착(土着)하게 마련이다.

사실이 그러하듯, 그리고 근대 학문 일반에 그러한 점이 있듯, 사회학의 발생은 시골이 소멸하는 현상과 겹친다. 사회학이란 그 근본에서 도시사회학이며, 실은 '농촌사회학' 도 도시사회학적 관심과 형식을 되돌려 적용하는 지점에서 발생한다. 도시의 공간과 그 이동의 속도는 이데올로기 비판가들이 즐기는 용어를 빌리면 우리의 육체에 '기입(記入)' 되어 있다.

한마디 첨언하자면, 도시화와 함께 어긋남의 세속적 물매는 돌이킬 수 없이 예리해진다. (베버의 논의에서 잘 드러나지만) 도시가 신용(信用)을, 그리고 시간을 자본화할 수밖에 없는 이유가 바로 여기에 있다. 시골의 땅과 그 땅을 중심으로 엮이는 생활 여건은 자본제적 신용이 생기기 이전부터 견고한 삶의 토대가 되어 공동체 주민들 간의 믿을성을 키우는 바탕이었다. 그러나 급기야 땅이 투기의 대상이 되어버린 어느 도시화의 단계 속에서 인간들 사이의 신뢰는 상품/자본 간의 신용으로 대체된다.

"두바이 사람들은 어느 날 우연히 만나고 또 어느 날 갑자기 사라진다. 신뢰가 쌓이고 정이 싹틀 틈을 주지 않는다…. 사막의 모래알처럼 쉽게 끊어지는 인간관계 속에 사는 사람들은 자유롭지만 그저 고립된 개인으로 남아 있을 뿐이다…. 그곳에는 단지 두바이 주식회사가 있을 뿐이다…. 두바이 사람들은 영혼이 없는 도시에서 영혼이 없는 사람처럼 살아간다."(김병철, 「'포스트모던' 두바이! 그 아슬아슬함」)

57

편지(1)

가령 짐멜은 편지도 '사회학적 현상'으로 여긴다.

"다름 아닌 편지의 무방비 상태가 그것의 비밀을 보호해주는 병기가 된다. 바로 여기에 일반적으로 '사회학적 현상인 편지'가 갖는 특이한 모순들이 있다."(게오르크 짐멜, 「편지의 사회학」)

'무방비 상태가 그것의 비밀을 보호해준다'는 식의 말은 철학적 이치를 담고 있는 문학적 언설의 형식으로 손색이 없다. 이것은 우선 '부재'(不在)를 주제화한다는 점에서도 문학적 공간의 조성에 기여한다. 나아가 부재를 결과적 풍경으로만 여기려는 통속의 시각을 중지시키고 그 부재의 연원이나 미래적 가능성을 헤아리는 탐색 속에서 '오래된 미래'로서의 인문학적 가치를 엿볼 수 있다. 특히 편지의 무방비 상태에 대한 논의라면, 그것은 일상의(이라는) 무방비 상태로부터 공들여 읽어내야 할 가치로서의 '위험'을 쉽게 떠올려볼 수 있다.•

4장에서 보다 자세히 논의하겠지만, 환상이라는 매력적 현상이 부재의 구심 · 원심으로서 다양한 문학적 공간의 계기를 형성한다는 것은 흔히 알려진 것이다. 자코테(Ph. Jaccottet)의 '아직 존재하지 않는 것(들)', 프레노(A. Frénaud)의 '매혹적인 부재', 그리고 블랑쇼의 '중성적인 것'(le Neutre) 혹은 '그', 그리고 마르그리트 뒤라스의 '단어부재'(mot-absence) 등은 문학적 · 시학적 영감이 발원하는 부재의 출처를 표상하는 다양한 사례들로서 애매한 대로 의미 있는 지점들이다. 부재가

• 벡(Ulich Beck)의 '위험사회(Risikogesellschaft)론'에 의하면, "위험은 성찰적 근대화 개념과 직접 결합되며, 근대화 자체가 유발 · 도입한 위해(危害) · 불안을 다루는 체계적인 방식으로 정의"된다. 마찬가지로 이 위험은 생산과 재생산의 체계 속에 내재하는 지구화의 경향과 일치하는 것으로, "예외 상황(긴급 사태)이 규범적인 것"이므로 이제 위험하지 않은 것은 없다. 그것은 가령 정주하의 사진전(2008년 5월~7월, 아트선재미술관)이 '불안'(不安)이라는 제목을 '어느 즐거운 날'(a pleasant day)로 영역한 것에서도 잘 드러난다. 위험은 일상이 되고, 그 일상 속에서 위험은 은폐된다. 다시 벡에 따르면, 일상 속의 위험은 이중적으로 은폐된 셈인데, 일상의(이라는) 은폐와 더불어 그 위험이 "잘 인지되지 않는 물리화학적 공식 속에 위치"해 있기 때문이다.

단지 나르시시즘의 생산적 가동을 돕는 환상의 동력인 것은 아니다. 나는 『동무론』(2008)이라는 책에서 '부재와 무능의 급진성'에 대해 여러 가지로 논했는데, 거기에서의 부재란, 세속의 체계에 순치되어 그 일반명령들을 육체에 기입한 채 살아가는 보통사람('das Mann')이 일상적으로 떠벌리는 그 결락(缺落)이 아니다. 그것은 마치 영혼의 진공청소와 같은 어느 순간, 내가 의지하던 그 세속의 먼지들이 단숨에 없어지는 어느 순간, 마치 비가 그치고서야 잠시 그 모습을 드러내는 무지개와 같이 오직 그(부재) 속에서만 가능해지는 인문의 진실이 움트는 곳이다. (역시 4장에서 논급되겠지만, 라캉의 정신분석적 탐색은 특별히 부재의 기능을 주제화시키는 자리에서 어긋남의 인문주의와 극히 생산적으로 접맥한다.)

짐멜은, 자신보다 50년 정도 연상인 데다 보들레르가 극찬하면서 구라파에 번역 · 소개한 포(E.A. Poe)의 『잃어버린 편지』를 읽었을 것이다. '무방비 상태가 그것의 비밀을 보호해준다'는 말은 포의 『잃어버린 편지』 속에서도 고스란히 나타난다.

"이런 것은 지나치게 큰 글자로 씌어진 간판이나 거리의 게시(揭示)의 경우도 마찬가진데, 지나치게 눈에 넘쳐서 오히려 놓쳐버리는 것이지. 여기서 물리적인 사물의 간과(看過)는 심리적인 사물의 간과와 완전히 일치하고 있는 것이네만, 마찬가지로 지성(知性)이란 것은 너무 나타나 있고 명백한 것에서는 오히려 못 알아보게 되는 걸세…. 그 자로서는 장관이 그 편지를 세상의 눈에 절대로 띄지 않게 하기 위해 그것을 세상의 바로 코밑에 두는 것과 같은 일이 있을 수 있다고는 상상도 못했으니까 말일세."(E.A. 포, 『잃어버린 편지』)

"그것을 세상의 바로 코밑에 두는 것과 같은 일"은 물론 소설적인 각색이지만, 한편 그것은 무척 현실적인 풍경이기도 하다. '등잔 밑이 어둡다'는 격언이 제시하는 이치는, 진실은 어긋남의 사실을 사후적으로 깨단하는 그 부재의 힘 속에서만 드러난다는 것이다. 보다 일반적으로 말하자면, 우리는 어긋나지 않을 때에는 아예 이해할 수조차 없는 것!

58

편지(2): "가을엔 편지를 하겠어요/ 누구라도 그대가 되어 받아주세요"

"화행이론(speech-act theory)의 용어들을 참조해서 말하자면, 호명 과정에 특유한 환영은 자신의 수행적(performative) 차원을 간과하는 데 있다. 내가 스스로를 이데올로기적 큰 타자(민족, 민주주의, 정당, 신(神) 등의 부름의 수신인으로 인정할 때, 이 부름이 내 속에서 그 목적지에 도착할 때, 나는 나를 스스로가 그러하다고 인정했던 것으로 만드는 것이 바로 이 인정 행위라는 것을 자동적으로 오인한다. 내가 그 부름의 수신인이었기 때문에 그 속에서 나 자신을 인정하는 것이 아니라, 내가 그 부름 속에서 나 자신을 인정하는 순간 나는 그 부름의 수신인이 되는 것이다. 이것이 편지가 항상 그 수신인에게 도달하는 이유이다."(슬라보예 지젝, 『당신의 징후를 즐겨라』)

고백이 반칙이듯이, 편지도 반칙의 일종일 것이다. 편지의 역사적 전형은 고백-편지이기 때문이다. '고백이 아닌 편지는 이미 편지가 아니다' 라는 전형성에는 극히 상투적인 이치가 배어 있다. 엽서에도, 이메일에도 경천동지할 사연이나 고백을 담을 수 있다. 그러나 편지라는 형식과 그 역사 속에 기입되어 있는 물질성은 영영 되살릴 수 없다.

"가을엔 편지를 하겠어요 / 누구라도 그대가 되어 받아주세요."

물론 이 편지가 씌어지는 가을은 봄 · 여름 · 겨울과 시간적으로 구분되는 그 '가을' 이 아니다. 그러므로 가을이 먼저 있은 후에 시인이 편지를 한다기보다 가을은 이미 그 편지에 의해서 구성적으로 조건지어진 것이다. 좀 쉽게 말하자면, 가을로써 편지를 설명하려는 구문의 형식을 취하긴 하지만 실은 그 반대편에 주목해야 한다. 이는 이 편지의 수신인을 설명하는 대목에서도 똑같이 적용된다. 어느 아름답고 적실한 수신인의 선재(先在)가 이 편지를 쓰게 만든 것이 아니다. 그 같은 수신인은 부재하며, 마치 가을로써 편지를 설명할 수 없듯이 어느 수신인의 존재로써 이 편지를 설명할 수는 없다. 편지의 필자는, '누구' 라도 편지의 수신인으로 호명될 수 있다는 사실을 노골적으로 밝힌다. 널리 알려져 있듯이 알튀세르의 호명 이론(Theorie der Interpellation)은 주체가 허구, 혹은 어떤 중층적인 어긋남에 의해 환상적으로 구성된다는 점에 주목한다.

"이데올로기와 개인 사이에는 특수한 관계가 형성됩니다. 이 관계는 호명 메커니즘에 의해 만들어집니다. 호명의 기능작용은 개인이 자기 것으로 승인하는 하나의 사회적 역할을 개인에게 지정함으로써 그를 이데올로기에 예속시키는 것입니다. 게다가 주체는 틀림없이 이 역할을 받아들일 수 있습니다."(루이 알튀세르, 『철학에 대하여』)

하지만 혹시라도 이 노골적인 주체가 바로 시인 고은(高銀)이라는 사실에 잠시라도 마음이 머물 필요는 없다. 이 글은 부재의 이치를 배설하는 어느 인문(人紋)의 한 지점을 밝히는 것에 불과하기 때문이다. 그대가 바로 그 '누구' 이기 때문에 그 편지가 제대로 수신되는 게 아니라, 누구라도 '그대' 가 되기 때문에 이 편지는 씌어지는 것! 그러므로 이 시는 지극한 관념론의 한 단면을 낭만적으로 증거한다.

부연하자면, 이 편지는 어느 가을날에 생각난 그대를 향한 타자론이 아니다. 그것은 편지라는 구심에 의해 동일시된 자아론에 불과한 것이다. 편지는 오직 자아만을 가리키기에 외려 타자는 제한받지 않는 관념으로 변하고 만다. 왜 그런가? 내가 앞서 "편지의 역사적 전형은 고백-편지"라고 했듯이 이 편지가 생성된 지점은 상상적 자아인데, 이 자아는 그 근본에서 타자성의 지평이 요구하는 비용을 치르지 않고도 타인들을 행복하게 만들 수 있으리라는 망상의 주체이기 때문이다. 물론 편의상 '(망상의) 주체'라고 했지만, 그는 자기동일성의 회전 속에서 저 홀로 행복한 자아일 뿐 아직 제대로 된 주체가 아니다. 주체는 사회적이며, (라캉의 말처럼) 무엇보다도 언어적이고, 이상적 자아(moi ideal)가 상징적 상호작용의 마찰과 충돌에 쉼 없이 노출되는 곳이기 때문이다. 주체는 다만 자의식이 아니라 제 나름대로 파악한 삶의 전체 상 속에서 자신을 배치하는 그 지점, 입장, 혹은 관계이기 때문이다. 어느 '가을'에 '그대'라는 누구나를 상상하는 이 편지의 필자는 역시 아무나의 에고이겠지만, 그 에고들은 착각과 오인 속에서 안이하고 아름답게 편지를 주고받는다.

"첫번째 접근에서 '항상 그 목적지에 도착하는' 편지는 루이 알튀세르와 그 동료들(미셸 페쇠)에 의해 상세하게 정교화된 인지(reconnaissance)/오인(méconnaissance)의 논리를 가리킨다. 이 논리에 의하면 사람은 스스로를 이데올로기적 호명의 수신인으로 인지(오인)한다. 이데올로기적 질서를 구성하는 이러한 환영은 바바라 존슨(Babara Johnson)의 공식을 부연함으로써 간명하게 표현될 수 있을 것이다. '그것이 도착하는 곳은 어디든지 그것의 목적지이기 때문에 편지는 항상 그 목적지에 도착한다.'"(슬라보예 지젝, 『당신의 징후를 즐겨라』)

59

편지(3)

'잃어버린 편지'의 문제 구조는 그 편지의 내용과 무관하다. 그 문제성은 "(편지를) 도둑맞은 사람이 훔친 자가 누구라는 것을 알고 있다는 사실을 훔친 본인도 알고 있어야 하는", 바로 그 중층적 형식에 있다. 이것은 '지배의 바로 그 효과에 대해 피지배자가 오히려 무지해야만 성립하는 상징적 지배'(부르디외)의 형식을 한 번 더 얹은 꼴이다. 편지가 이곳이 아니라 저곳에 있고, 저곳에 있다는 사실을 이 사람이 아는 것을 저 사람이 또 아는 것. 바로 이 형식적 구조가 『잃어버린 편지』의 실질적인 내용으로 환원된다.

마지막으로, 이 아는 것을 다시 모른 체하는 행위 속에서 편지의 형식은 마감된다. 그러므로 편지의 그 고유한 함의는 내용이라기보다는 그 형식이자 사회적 관계에 있는 것이다. 편지의 문화가 사라지는 것을 아쉬워하는 혹자가 있다면, 그가 그 흐릿한 아쉬움 속에서 정서의 촉수를 뻗어 더듬는 것은 종이도 아니고 편지도 아닌, 종이편지라는 매체로써 가능해졌던 그 어떤 삶의 형식이자 사회적 관계일 테다. 어휘의 생성과 탈락이 개인의 성숙을 가리키는 지표일 수 있듯이, 매체의 선택과 폐기로 인해 생기는 새로운 거리감과 공간감들은 그 사회가 무의식적 · 체계적으로 지향하는 어떤 삶의 양식을 가리킨다.

60

편지(4)

볼테르의 『영국인의 편지』(1734)는 살롱교양(Salonbildung)의 총아이자 초기 부르주아 엘리트의 열정을 잘 보여준다. 러셀(B. Russell)이 니체류의 철학을 강등시킬 때 잘 지적했듯이 열정은 흔히 계몽주의와 어긋나지만, 여기 볼테르의 것은 충분히 계몽주의적이다. 물론 그것은 초기 증상 속에서 다소 부풀어 있고, 입실(入室)조차 하지 못한 자들에게 승당(昇堂)을 재촉하려는 성급함이 배어 있다. '영국을, 뉴턴을 배우자'는 그의 태도는 예를 들어 이광수적 열정의 단면을 보듯 일방적이며, (그러나 빼앗긴 조국의 미래에 대해 절망하면서 내선일체로 기울었던 이광수와는 전혀 다른 의미에서) 영국으로 기운다.

그의 계몽주의는 먼저 '본' 자의 열정이다. 그리고 그 열정은 곧 열정의 동일화에 기여하려는 열정이다. 하지만 가령, 몽테스키외의 『페르시아인의 편지』(1721)는 먼저 '본 것'은 물론이거니와 보다 중요하게도 '보이지 않는 것'에 대해서 말한다. 다시 말하면 계몽주의의 빛이 닿지 않는 곳, 자기동일성의 체계에 빠진 자들의 시선이 튕겨져 나오는 불가능성의 지점을 풍자적으로 드러낸다. 볼테르가 직설(直說)하는 곳에서 몽테스키외는 풍간(諷諫)하는 것이다. 『영국인의 편지』가 동일자를 향한 구심력의 열정으로 씌어진 것이라면, 『페르시아인의 편지』는 타자를 향한 원심력의 틈이 틈틈이 드러나는 글이다.

이러한 논의의 틀 속에 『잃어버린 편지』(1845)를 배치시켜 본다면, 그 글은 계몽의 이편(『영국인의 편지』)도 저편(『페르시아인의 편지』)도 아닌, 계몽의 맹점을 시사한다. 『잃어버린 편지』는 『영국인의 편지』처럼 보이는 것에 관한 얘기도 아니고, 『페르시아인의 편지』처럼 보이지 않는 것에 관한 얘기도 아니다; 그것은, 너무나 잘 보이기에 전혀 보이지 않는 것에 관한 얘기다. 그것은 동일자도 그 반대도 아니기에 오히려 숨겨진 것, 그 사이-존재에 관한 얘기인 것이다.

61

형식들, 일리(一理)들

짐멜의 형식사회학은 그 스스로 해명하듯이 '주체의 객관화' 혹은 '개인의 탈주체화'에 모아진다. 인간의 영혼이 객관세계를 길게 통과한 후 귀환한다는 서사는 신플라톤주의(neo-platonism)로까지 소급되는 이야기이며 헤겔 이후에까지 연장되는 서양 사상사의 한 매트릭스다. 그 영혼이 존재하는(ex-ist) 즉시 자신의 밖으로 나아가 객관세계의 다양체와 관계를 맺으면서 상호작용을 하는데, 짐멜에 따르면 이 상호작용은 반드시 일정한 '형식'을 이루게 된다.

주객의 상호작용을 매개하는 형식은 곧 생물 현상 일반의 논리인 패턴화(patterning)와 유사한 것이다. 내 식으로 설명하자면, 패턴은 컨텍스트와 텍스트 사이에 생긴 '긴장의 형식' 인데, 이 형식은 무릇 자신의 생존과 번창을 도모하려는 유기체 일반의 경제성에 필수적이다. 이 형식은 늘 양가적이다. 그것은 생존의 조건이 된다는 점에서 충분히 안정적이지만, 그 조건 자체가 언제라도 한계로 바뀔 수 있다는 점에서 충분히 유동적이다.

"패턴이 없이 행동하며 자신의 생존과 번영을 도모하고자 하는 개체의 노력은 지극히 비경제적일 것이며, 오래지 않아 생존의 현장에서 도태되고 말 것이다. 패턴은 생존의 자연스러운 흔적이 역사 속에 남은 것에 불과하다. 달리 말하자면 패턴은 주변 세계로서의 컨텍스트와 생명체의 텍스트 사이에 생긴 긴장의 형태인 셈이다."(김영민, 『컨텍스트로, 패턴으로』)

말하자면, 형식은 인간의 정신적 삶이 현상 속에 표현되도록 하는 매체이자 통로인 셈이다. 곰곰 헤아려보면 그 현상적 표현(꼴)이 형식(틀)의 매개를 통해 조형된다는 사실은, '인간됨' (being-human)이 한계와 조건의 (그 헤겔적 의미에서) '불행한' 조합일 수밖에 없다는 사실을 잘 보여준다. (이 점을 공부론의 맥락으로 옮겨보자면) 실은 그 모든 성숙은 주어진 틀 '에서

(at)'—'로부터(from)' 가 아니라—깨어나며 이루어지는 것이다. '내 자신의 주체화를 위해 비판과 모욕의 대상으로 요청되는 너' 는 단지 그 주체화 과정의 외부에 소외되는 것만이 아니다. 달리 말하자면 틀은 주체에 의해 깨어지기 마련이지만, 틀의 반작용은 그 주체의 주체적 작용 속에 구성적으로 이입(移入)되는 것이다. 짐멜은 나아가 이 형식의 구성이 필연적이라고 언명함으로써, 형식에 (거의) 선험적인 성격을 부여하리만치 중요시한다. 물론 이른바 그의 '형식사회학' 은 바로 이 같은 형식, 상호작용의 과정 속에서 필연적으로 구성되는 형식에 초점을 맞춘다.

상호작용의 과정을 면밀히 검토해본 경험이 있는 자라면 그 형식성을 간취하기란 그리 어렵지 않을 것이다. 작용-반작용만이 아니라 작용-부작용조차 실은 그 나름의 형식 속에서 진행된다. 시간의 장구한 길 속에서 패턴은 그 모습을 드러낸다. 병(病)도 패턴이며 상처도 패턴이고 어리석음도 패턴이고 인간들의 신(神)들조차 패턴이다. 실은 생명 그 자체가 형식을 이루는 자기조직력이며, 죽음이란 바로 그 형식의 해체에 다름 아니기 때문이다. 앞서 말했듯이 특별히 '인간됨' 이라는 현상적 과정은 그 어느 생명 현상과는 비교할 수 없을 정도로 복잡한 상호작용의 형식을 통해 문명화 · 문화화를 이루어왔기 때문이다.

여러 사상가들은 인간 세상에서 벌어지는 여러 상호작용의 이치들을 해명하는 과정에서 다양한 이름의 형식들을 제출해 왔다. 칸트의 선험적 형식, 융의 원형(Archtypus), 베네딕트(Ruth Benedict)나 왓슨(R. Watson)의 패턴, 폴라니의 전통, 실러나 카이유와나 하위징아나 나흐마노비치(S. Nachmanovitch) 등의 '놀이', 엘리아데의 이미지, 카시러의 '상징', 구조주의자들의 구조, 일부 좌파 비평가들의 '전체성', 지라르의 삼각형, 이글턴(T. Eagleton) 등이 말하는 '틀', 그리고 내가 오래전부터 조형하려고 애써왔던 일리(一理) 등등.

62

문화의 비극(1)

그런데 어긋남이 세속의 근원적 형식이라면, 이 어긋남의 정신병(psychosis)을 피해/억압해 '아버지의 법'(loi du père) 속에서 신경증(neurosis)의 부합(附合)으로 타협하려는 문화적인 현실의 형식들은 그 억압의 몫 속에서 당연히 마냥 행복할 수가 없다. 이 같은 갖은 형식들도 그 신경증적 불안 속에서 마치 의식의 본성처럼 그 고유한 '변증법적 동요'(헤겔)를 피할 수 없는 것으로, 마치 좌불안석의 어느 엉덩이처럼 문화의 형식들은 좌충우돌/우여곡절을 겪으며 힘겹게 자신의 자리를 찾아가곤 하지만, 그러나 마침내 그 형식이 도달한 자리는 여전히 자기한계를 내장한 세속의 제도일 뿐이다. 그것은 피곤

한 인문(人紋)의 흔적들이 휴식할 수 있는 사원(寺院)도 도원경도 아지트도 아니다. 무릇 인문을 노리고 누리려는 자에게 문화적 형식은 구원이 되지 못한다. 더구나 21세기의 문화적 형식들은 시장 자본의 날개에 편승하려는 체계적 욕심에 맺힌 채, (레지스 드브레의 지론처럼) 자신의 존재를 구성하고 있는 매개적 장치들을 그저 자연스러운 것인 양 오인한다.

삶과 세속의 이치를 담은 형식은 쓰기 나름인데, 잘 못 쓰인 형식과 그 체계적 제도화는 (짐멜, 베버, 아도르노 그리고 하버마스 등이 한결같이 '전문화의 부메랑'을 경고하듯이) 부메랑이 되어 인간의 가슴에 꽂힌다. '관료사회'도 '회사사회'도 '위험사회'(Risikogesellschaft)도 그런 것이다. "잘 못 쓰인"이라는 단서를 놓긴 했지만, 제도화를 통해 안정된 문화적 형식들이란 워낙 삶의 실제에 융통성 있게 박진할 수 없는 법이다. 그것은 마치 '영혼과 형식 사이의 근원적 갈등'(루카치)처럼, 생활세계와 제도(체계) 사이에서 늘 안타깝게 진동한다.

짐멜이 분석하고 경고하는 '문화의 비극'이란, 그 형식들이 점점 삶의 실제에서 멀어지고 내적으로 통합되면서 삶에 등을 진 채 자율화하는 문화사회적 진화 과정의 결과와 그 효과를 가리킨다. 짐멜의 개념은 부분적으로나마 삶의 실제로써 배수

진을 치며 이론의 과용과 소외을 경계했던 생철학자들—예컨대 '그 누구도 삶을 넘어서 갈 수 없다!' 던 딜타이처럼—의 영향이기도 하다. 가령 아노르노는 자신이 대결해야 할 평생의 과제로서 개념이 그 대상에 등을 돌리며 '자립' 하는 것에 대한 저항을 드는데, 짐멜도 문화의 형식이 그 모태인 삶에 등을 돌리며 옹글게 자립하는 것에 대한 저항적 분석을 가하고 있는 셈이다.

19세기 말, 20세기 초의 유럽이 선부른 과학화가 다닥뜨린 1차 임계점에서 겪어야만 했던 갖은 재앙은, 문화의 모태인 영혼으로 귀환하는 길을 잃/잊은 채 체계 속의 객관적 단말기로 물화해간 근대사의 궤적을 치명적으로 증거한다. 이후 물상화된 과학 문화의 위협에 대한 지식인들의 비판은 이념의 좌우를 가리지 않고 계속되는데, 바야흐로 이제는 그 비판의 고성(孤聲) 자체가 체계 속에 함몰됐거나 기껏 그 체계의 알리바이로 점점이 호출될 뿐이다.

62-1

문화의 비극(2): 복제냐 파멸이냐/ 보드리야르의 문화묵시록(文禍默示錄)

"성장 또는 획득의 가능성은 어떤 점에서 보면 한계가 있어서, 성장 또는 획득이 한계에 이르면 모든 실존적 탐욕의 대상, 에너지는 필연적으로 거짓 탈을 쓰고 자유를 얻는 외에 다른 방법이 없다." (바타유, 『저주의 몫』)

"그 유래(由來)가 망각되었다는 것이, 바로 그 발달에 속해 있다." (니체, 『권력에의 의지』)

조화(造花)는 오래지 않아 조화(弔花)로 바뀐다. 조(造)와 조(弔) 사이의 거리는 내가 말한 문화(文化)와 문화(文禍) 사이의 거리와 정확히 일치한다. 조화(造花)는 불멸의 것, 무생명의 영생으로서 그 모든 죽어갈 것들을 축복하지만 이윽고 죽지 못해, 오히려 죽을 수 없어 메마른 자폐 속에 돌이킬 수 없이 피폐해져간다. 현명하지 못한 호의나 성숙하지 못한 선의가 의도보다 빠르게 관계의 지옥을 불러들이듯이, 삶의 원초적 어긋남과 인생의 근원적 사이성(Zwischensein)을 망각한 문화(文化)는 필연코 문화(文禍)를 낳게 된다. 그리고, 근대의 한계는 기껏 삶을 구걸하는 노릇이었지만, 탈근대의 한계는 바야흐로 죽음을 구걸하는 데에까지 이른다. 그 조화(弔花)는 단순한 죽음의 상징이 아니다. 그것은 오히려 죽음을 동경하면서도 죽을 수 없기 때문에 더욱 죽은 것이다.

'조화(造花)의 전체가 조화(弔花)로 드러나는 것' 이 보드리야르가 제시하는 기술정보사회의 그 문화묵시록(文禍默示錄)이다. 짐멜의 최신판에 해당할 이 문화적 비극에 관련된 보드리야르의 생각이 늘 선명한 것도 아니며, 또 1980년대에서 90년대에 이르는 기간 중에도 사유의 편차가 적지 않아 보인다. 그러나 그에 대한 주류 좌파들의 비평 일반이 입을 모으듯이, 조화(造花)를 대체할 수 있는 생화의 세상에 대한 그의 전망은 대체로 박약해 보인다. 조화(造化) 혹은 조화(弔花)는 돌이킬 수 없는 임계점 너머의 자가발전과 자기증식의 끝없는 연동(連動)

이 재생산하는 풍경으로서, 마치 자연화하려는 문화(文化)가 실은 또 다른 문화(文禍)의 아방가르드에 불과하듯이, '체계는 오직 체계에만 관심이 있다' 는 그의 말처럼 조화(造花)에 물을 줄 수 있는 길은 이미 차단당한 듯 보인다.

현명한 실천의 토대를 떠나버린 계몽이성의 문화적 자유는 스스로 덫이자 자기혐오의 텃밭이 되었고, 이제 위선의 자유와 위악의 자기혐오를 벗어나는 일만이 우리에게 남게 되었다. 이미 시작된 지구-도시의 전 포괄적 문화(文禍) 묵시록이 최후로 간직한 테마는 오히려 '어떻게 인간답게 죽을 수 있는가?' 라는 것이다. 우리를 불멸케 해준 문화(文禍)와 조화(造花)의 죽음을 도리어 그리워하는 것은 근대인 일반으로서의 우리 자신의 죽음을 그리워하는 것에 다름 아니기 때문이다.

"불멸성이 불길하게 우리 위를 서성거린다. 우리는 늘 죽음에 반대하는 삶의 투쟁을 이야기해왔다. 하지만 우리는 죽음의 불가능성과 싸워야 한다."(장 보드리야르, 『불가능한 교환』)•

• Jean Baudrillard, *Impossible Exchange*, London: Verso, 2001. 이후 본문에서 'IE'로 약칭.

이 죽을 수 없는 죽음은 이미 우리의 뼈와 살 속에 내려앉아 있는 '체계의 피로' 속에 나날이 체인(體認)된다. 한편 '피로' 할 틈이 없었던 시절이 회상되기도 한다. 절대적인 빈곤/부재의 경험은 오히려 피로를 원천적으로 몰아낸다. 그리고 이 사실은 피곤이 아닌 피로의 성격을 넌지시 일러준다. 보드리야르에 따르면, 피로는 "풍요로운 사회에는 으레 붙어다니는 것이며 특히 굶주림과 만성적인 빈곤이 극복된 결과 생겨난 것"•이다. 좀더 정리해보면, "피로는 탈공업화 사회의 공통된 증후군으로서 극도의 이상 현상이나 안락한 생활의 역기능"(『소비』)으로서 이른바 '새로운 세기병'(Nouveau mal du siecle)이다.

마치 실재의 불확실성이 과학기술이나 장비가 노출하는 일시적 결함 때문에 생기는 것이 아니라 바로 그 실재의 지평과 성격 자체에 내재하는 특정한 불확실성에 기인한다고 지적하듯이, 피로는 진보의 틈이나 결함이 초래하는 외래적 사태가 아니라 진보에 수반되거나 그 속에 구성적으로 내재한다. 그것은 진보 그 자체가 욕구 충족의 마이너스와 결합하며, '기술적 조건의 개선 그 자체가 위험과 스트레스를 내포하는 사회의 징후' 라는 그의 다른 지적과 궤를 같이한다. 피로는 피

• 장 보드리야르, 『소비의 사회』, 문예출판사, 1993. 이후 본문 속에서 '소비' 로 약칭.

곤의 원인처럼 손에 쥘 수 있는 대상에 대한 적극적 거부가 아니라 체계라는 물질적 무의식에 대한 현대인의 수동적 거부 형태로 설명된다. 그래서 그것은 "욕구와 갈망 사이의 내면적 불균형에 불평등이 초래하는 사회적 불균형이 겹쳐서 생긴 복합적 상황"(『소비』)인 것이다.

일견 이 같은 설명 방식에 따르면, 피로와 경제 번영/문화 발전 사이의 관계가 논리적/인과적인 것으로 보이지는 않는다. 이 관계의 논리적 위상에 대한 해명이 깨끗하거나 일관된 것은 아니지만, 그의 설명은 단순히 사회학적 인과나 우연적 · 경험적 결합 이상을 시사한다. 요컨대, 피로는 후기 자본주의적 삶의 '본질적' 양식이라고 할 만한 것이다. 그것을 '본질적'이랄 수 있는 이유는, 피로가 단지 과도한 활동의 후유증만이 아니라 "현재의 사회관계에서 보이는 일반적인 수동성의 강제에 대해 일정한 조건하에서 대항할 수 있는 '유일한' 활동 형태"(『소비』)이기 때문이다. 가령 작중 인물들이 작가와 더불어 낭만적 허영의 늪을 건너가는 그 소설적 매개(mediation)의 개종(改宗)을 묘사하고 주장한 르네 지라르가 그답게 "소설에서 오해는 본질적인 것"이라고 하듯이, 꼭 그런 식으로 체계에서 피로는 본질적인 것일까?

피로에 대한 보드리야르의 설명 중에서 특히 내 흥미를 끄는 대목은, 그것을 "자기 자신에게 향할 수밖에 없는 자신의 육체에 깊이 파고드는 이의(異意) 주장"(『소비』)으로 보는 시각이다. 체계에 동조할 수밖에 없는 환경이긴 하지만, 그 동조에는 자발성도 실존적 결의도 동반되지 못하며, '따라서 동조(해야)하기 때문에 동조하는' 자조(自嘲)와 자기피폐의 과정은 어쩔 수 없는데, 바로 여기에서 현대인의 세기병인 피로가 만연하게 된다.

그러나 돌이켜 생각하면 피로의 숨은 기능은 문화적 체계의 완전한 고장을 예방하고 그 증상을 전환시키는 것이기도 하다. 그러므로 피로는 앞서 말한 대로 죽을 수 없는 조화(造花)의 형식, 돌이킬 수 없는 조화의 존재들이 자신을 미봉하고 절충하는 형식이기도 하다. 우리 시대 회사 인간들의 존재 방식이 되어버린 이 피로는 그 인간들의 생활 속에 결코 주제화되지 않을 정도로 기입되어 있다. 1961년 도박을 위해 '입을 수 있는 컴퓨터'(wearable computer)를 만들었던 것처럼, 체계 속의 삶이라는 도박을 위해 '입을 수 있는 피로'(wearable fatigue)는 발명되어간다. 이런 유의 진지함은 포이어바흐가 당대의 모럴을 꼬집은 뜻에서 오히려 '스캔들'일 것이다. "이 피로는 '소비되는' 피로이며, 교환 내지는 사회적 지위의 사회적 의례의 일부가 되는 것"(『소비』)이기 때문이다. 이 피로는 진지하게 대면되지 않는 정도와 상태 속에서만 연명한다는 뜻에서 스캔들이다. 그러므로 보드리야르에 따르면, 피로의 기호들인 "불면증, 편두통, 만성두통, 병적인 비관이나 식욕부진, 무력증 내지 강박관념적인 활동과다증 등의 증후는 형식적으로 서로 다르거나 대립하고 있지만, 실제로는 서로 교환되고 서로 대체되고 있다."(『소비』)

아쉽게도 보드리야르는 이 논의에서 성차(性差)를 고려하지 않고 있다. 여성 문제는 특히 피로에 대한 사회학적 분석에서 가장 두드러지게 자신의 위치와 사정을 증명할 수 있다는 점에서 이 결여는 무척 안타깝지 않을 수 없다. 이와 대조적으로 부르디외는 남성지배의 분리·지배 구조를 설명하면서 지배의 사회적 관계를 자연화하는 체질화의 문제를 쉼 없이, 다양하게 제기한다. 그에 따르면 남성지배의 원리와 그 구체적 권력의 작동 방식은 "사회세계 전체 속에서 체질화한 상태로 관련 행위자들의 아비투스를 통해서"• 전개된다. 이 사이에, 여성들은 이 남성지배의 시각을 내면화·체질화해서 정당화가

• Pierre Bourdieu, *Masculine Domination*, Oxford: Polity Press, 2001. 이후 본문 속에서 'MD'로 약칭.

필요 없을 정도로 자연스럽다고 여기게 되며, 이 과정을 통해 생기는 아비투스의 항구성은 남녀차별 구조의 항구성을 안팎으로 지지하게 된다는 것이다.

앞서 지적한 대로, 보드리야르가 피로를 일러 '육체에 깊이 파고드는 이의 주장' 이라고 한 것은 이와 관련해서 깊이 시사하는 바가 있다. 몸은 체계와 근원적으로 어긋나게 마련이며, 그 과정에서 (마치 소설 속의 오해처럼) 피로를 내장한다. 더구나 여성의 몸이 남성지배의 세상 속에서 끊임없이 호출, 동원, 소비, 교환, 규제, 협박당하고 있다는 사실도 그 결정적인 환경이 된다. 가령 여성과 노이로제 사이의 관계에 대한 고전적 연구들은 이 같은 사정을 일부 드러낸다. 신경증을 각종 위기 · 갈등 상황에 대한 타협, 회피, 거부 등의 인격적 반응이라고 정의할 때, 여성의 자리가 만들어내는 '육체에 깊이 파고드는 신경증적 이의 주장' 으로서의 피로는 대단히 유용하고 중요한 주제가 될 수밖에 없을 것으로 보인다.

진보와 성장의 과실을 따먹는 사이, 그 나무의 밑동이 썩어들어가는 일은 우리의 광범위한 환경이 되고 있다. 이처럼 문화(文化)는 문화(文禍)를 자신의 비용으로 요구하는 법이다. 이른바 '지속 가능한 성장' 을 외치곤 하지만, 어쩌면 '지속 가능한' 성장이니 '인간의 얼굴을 한' 성장이니 '저탄소 녹색성장' 이니 하는 새로운 미봉과 절충의 수사학을 제시하기 이전에, 이제는 바야흐로 성장 그 자체의 내적 · 구조적 한계를 깊이 성찰하는 일에 내남없이 내몰리고 있는 실정이다. 성장에 구성적으로 관여하고 있는 비극의 조짐들은 이미 개인들의 피부에 체감되고 있다.

이런 뜻에서 보드리야르의 성찰은 꽤 발본적이다. 그에 의하면 '성장은 평등한가 불평등한가?' 라는 질문은 위제(僞題)에 다름 아니다. 간단히 정리하자면 그는 성장 자체가 근본적인 불평등에 의존하고 있다고 믿기 때문이다. 보드리야르의 가설을 그대로 밀어붙인다면, 완벽히 평등한 세상은 스스로 성장을 생산할 수 있는 내적 동력이 없을 것으로 보인다. 헤겔의 말처럼 주인과 노예의 관계로 대변되는 세속의 변증법은 쉼 없는 동요를 가능케 하는 물매 속에서만 운동한다. 하여튼, 보드리야르에 의하면 성장의 생산/재생산은 일종의 전략적 행위이며, 그것은 지속적으로 특권계급을 만들어내는 사회 구조가 자신을 유지해야 할 필요성에 따라 이루어진다. 따라서 "(성장)의 이 체계적인 과정에서 평등 자체는 불평등의 이차적이고 파생적인 함수"(『소비』)라는 것이다.

보드리야르에게 있어서 단지 성장의 부작용이 아니라 성장 그 자체의 구조적 한계를 비판하는 것은 자본주의와 소비사회의 체계를 비판하는 일과 이어진다. 그 비판의 요체는, "체계는 자신이 살아나기 위한 조건만을 알고 있을 뿐, 사회와 개인의 내용에 대해서는 아무것도 모른다"(『소비』)는 것으로 정리할 수 있다. 가령 시장은 그 시장 구조의 메커니즘을 검질기게 순환시키는 체계인 탓에, 전통사회의 물물교환처럼 생산자와 소비자가 제 나름의 주체적인 이해관심으로 만나는 곳이 아니다. 그래서 소비자의 주체를 세우고 그 주권을 확보하려는 운동은 이 전 포괄적 순환망 속에서 늘 뒷덜미를 잡히곤 한다. 체계의 이같은 (변신하면서도 스스로 조율하는) 구조적 속성은 이른바 '지속 가능한, 인간적인 성장'이라는 이념이 얼마나 낭만적이며, 따라서 얼마나 비체계적 · 비현실적 발상인지를 여실히 보여준다. 이 논의의 층위를 수평이동하면, "시뮬라시옹의 작용은 핵분열적이고 발생론적이지, 전혀 사변적이거나 담론적이지 않다"•는 지적에 곧장 돌입한다. 인간의 기억과 상상을 외재화(外在化)할 수 있는 기계장치들의 놀라운 파급 속에서, 그리고 이로써 동시다발적으로 부상한 시뮬라크르들의 쉼 없는 자전(自轉) 속에서, "사라져버린 것은 모든 형이상

• 장 보드리야르, 『시뮬라시옹』, 민음사, 1999. 이후 본문 속에서 '시옹'으로 약칭.

학"(『시옹』)이라고 하듯이, 체계들의 쉼 없는 (재)생산의 구조 속에서 성숙의 인문적 이념이나 공정(公正)이라는 사회적 이념, 그리고 초월이라는 종교적 이념은 모두 사라지고 있는 낡은 형이상학의 일부에 불과하다.

자본주의 체계나 시뮬라크르의 자전 체계는 모두 암(癌)을 내장하고 있는 구조다. 생명의 조직을 고스란히 남긴 채로는 결코 제거할 수 없는 구조적 병리 현상으로서의 암, 바로 그 암의 구조에 구성적으로 관여하고 있는 몸으로서의 암, 말이다. 보드리야르의 메시지는, 인류의 운명은 "죽는 것을 잊어버린, 우리 각자의 세포 속에 웅크리고 있는 (암적인) 어떤 것"(IE)에 의해서 좌우된다는 묵시록을 흩뿌린다. 암이라는 메타포는 기술적으로, 그리고 문명비판적 시각에서 매우 유용하게 사용되는데, 보드리야르가 일련의 저작을 통해서 그려놓은 농축성장과 과소비, 과(過)실재와 파생(派生) 실재, 복제와 과잉증식의 미래상은 실로 암적이다. "체계는 자신이 살아남기 위한 조건만을 알고 있을 뿐"이고, 더욱 영악해진 시뮬라크르의 자전 체계는 자신의 체계 속에 실재를 흡입하고 의사(疑似)사건을 만들어놓음으로써 이 체계를 깨뜨릴 수 있는 모든 실제적 가능성을 저지시킨다.(『시옹』)

공간을 점유하며 시간을 가로질러가는 몸의 삶에 그 한 살이의 '패턴' 이 없을 리 없으니, 기생(寄生)에도 질서가 있는 법이다. 기생충은 마땅히 숙주의 건강에 유의해야 하며, 자신의 동반 파멸을 막기 위해서라도 숙주의 파멸만은 결단코 막아야 하는 것이다. 가령, 거미를 잡아 그 뱃속에 자신의 알을 낳는 말벌이 자신의 새끼들이 충분히 자랄 수 있도록 그 거미를 '반쯤' 은 죽여/살려두어야 하는 것이다. 그 누구의 말처럼, 모욕을 주는 쾌락을 위해서라도 '그' 를 살려두어야 하는 법! 이런 뜻에서, 이중구속(double bind)의 여러 형태가 늘 병 주기와 약 주기를 겸치는 것은 차라리 자연스럽다.

그러나 문제는 "체계는 결국 자기 자신에게 기생하고 있는 것"(『소비』)이므로, 그 체계의 외부에 서거나 체계 전체를 통으로 굽어볼 수 있는 비판적 시선들의 연대가 구조적으로 어려워진다는 데 있다. 체계에 대한 비평조차 구성적으로 체계에 의존하고 있고, 기존의 비평 공동체들은 차츰 그 급진성을 잃어가면서 전 포괄적인 자본의 공세에 떠밀리거나 몰닉(沒溺)한다. 시장주의의 천국 속에서 '자유' 는 초기 부르주아들을 고양시켰던 이념이나 전망의 태반이 되지 못한다. 그새 천박해질 대로 천박해진 자유는 주인 없는 한갓진 빈곳을 한시도 견디지 못하는 짐승이 되어버렸다. 전통을 깨부술 때의 자유는 산드라졌고 유쾌했으나, 시장이라는 전일적 체계 앞의 자유는 자본의 유동성에 의해 근본적으로 규제 · 소외당하는 또 다른 노예의 이름이 되고 말았다. 인간이 표현과 성장의 주체가 되었던 낭만적 노동의 시대는 이미 지나갔거나 급속히 지나가고 있다. (혹은 단 한 차례도 온 적이 없거나 아니면 다만 점점이 계속되고 있을 뿐인가?)

"소비의 주체는 개인이 아니라 기호의 질서"(『소비』)라는 주장은 그 나름대로 이유가 선 관념론이지만, 이제 정녕 성장의 주체는 성장의 체계 그 자체가 되어버린 것이다. 피로도 체계적(system-oriented fatigue)이고, 부부 싸움도 인격적이 아니라 체계적이며, 오염이나 위험도 체계적이고, 종교나 희망도 체계적이며, 관심이나 욕망도 체계적이다. 나아가, 바야흐로 마치 자신의 외피보다 더 자라난 곤충이 탈피(脫皮)하며 몸 밖으로 나오듯이, 성장은 성장의 체계 자체가 감당할 수 없는 몸피가 되어 그 체계 바깥으로 불거져 나오고 그 여분은 체계적으로 불어나는 체계 속에 되먹임된다. 바로 이것이 성장 신화의 저주다. 몸속에 있던 암(癌)이 어느새 몸보다 커져서 몸 밖으로 나와서도 여전히 살아서 꿈틀거리는 것을 보았는가? 시체가 더 활발한 세상에 대한 묵시록을 읽었는가?

한편 '욕망'이 시대의 기호가 되었다고, 바야흐로 이념의 시대가 몰각하고 욕망의 시대가 도래했다고 떠들면서, 그 욕망이 지난 시대의 딱딱한 명제 속에 저당잡혔던 개인의 자율성과 개성을 해방시킬 것이라는 약속이 남발되기도 했다. 이 약속에 얽혀 한때 석연했던 좌우의 구별조차 우련해질 지경으로 술덤벙물덤벙 욕망의 기호학을 샘바르게 수렴했고, 감성적 개성화만으로 새 시대의 첨병 노릇에 내남없이 나섰다. 그러나 그 개성은, 굳이 비판사회학적 시선으로 걸러 보지 않더라도, 여지없이 시장의 것이다. 보드리야르의 진단에 따르면 소비사회의 체계적 욕구는 "생산의 영역에 속하는 욕구이지 인간의 욕구는 아니"(『소비』)다. 라캉 식으로 고쳐 쓰자면, 나는 심지어 내가 욕망하지 않는 곳에서도 이미/늘 욕망의 체계와 코드에 의해 점유·기입당해 있는 것이다. "생산의 질서는 욕구와 욕구의 체계를 만들어"(『소비』)내고, "체계 내에서는 개인의 궁극 목적을 고려할 여지는 없으며 체계의 궁극 목적만이 문제"(『소비』)가 되기 때문이다. "몸속에 있던 암이 어느새 몸보다 커져서 몸 밖으로" 나왔다고 했듯이, 인간의 욕구와 욕망을 위해서 건설되었던 체계가 인간을 통으로 잠식할 뿐 아니라 어느새 인간의 밖으로 나와서 인간의 미래와 운명까지 규제한다.

이처럼 짐멜이 분석해낸 '문화의 비극'—'문화의 형식들이 점점 삶의 실제에서 멀어지고 내적으로 통합되면서 삶을 등진 채 자율화하는 문화사회적 진화 과정의 결과와 그 효과'—은 보드리야르의 소비사회 분석에 이르러 전방위적으로 확산되면서 그 스스로의 운명을 안팎으로 닫는다.

욕망의 다양성이 체계와 대적할 수 있을까? 초자아의 전령(傳令)을 이드(id)의 도착적 난반사로 중화시킬 수 있을까? 자본주의적 소비사회가 구조적으로 설비해놓은 욕망의 배관을 가로지르는 불화의 삶, 그 차근차근한, 일상적 실천을 직심스레, 이드거니 유지할 수 있으며, 그 실천들의 연대를 생성해낼 수 있을까? 우리가 서 있는 바로 이 자리에서 낯설게 살며 자율적으로, 다르게 욕망할 수 있는 것일까? 그 욕망들이 죽은 자리에 다시 생성될 새로운 욕망, 내 생각들이 죽은 자리에서 다시 걸어나갈 새로운 공부길, 과잉교환의 욕심이 끊어진 자리에서 하아얗게 피어오를 의욕의 자리는 어디일까? 자본(직장), 사랑(가족), 구원(종교), 그리고 유토피아(혁명)를 향한 진지함들이 숙지고 퇴색한 이후에도 여전한 의욕 속에서 재충전되는 듣도 보도 못한 인문적 진지함의 가능성은 어떻게 구체화될 수 있을까? 그 같은 제5의 진지함은 이른바 '동무'라는 인문연대의 미래 형식, 그 '몸이 좋은 사람들'의 '현명한 복종과

현명한 지배' 라는 반대의 일치와 어떻게 접속되는 것일까?

그러나 "증식되는 욕구는 생산물의 질서 쪽으로 역류하여 그럭저럭 그 질서 속에 통합"(『소비』)된다고 말하는 보드리야르의 전망은 여전히 어두워 보인다. 도타(逃躱)하는 게 아니라면, 비록 일탈이나 탈주에 성공하더라도 가욋사람으로 살아가려는 그 에너지를 일상 속에서 낮게, 이드거니, 밑질기게 지속시킬 생활 방식, 코드, 상호작용의 매체를 얻기가 쉽지 않기 때문이다. 프랑스 지식인들의 담론에 전형적인 지랄(知辣/剌)을 섞은 희떠운 과장이긴 하지만, 다시 그의 말처럼 "존재하는 것은 성장의 욕구뿐"(『소비』)이라면 성장의 체계 속에 흡수·동화되지 않는 새롭고 이질적인 욕망은 생산될 토양조차 얻지 못하고 있겠기 때문이다.

욕망을 환유이자 기표로 보는 라캉의 생각은 보드리야르가 펼치는 소비사회의 욕망론에 가감 없이 대입될 수 있다. "욕구라는 것은 사물에 대한 욕구가 아니라 차이에의 욕구(=사회적 의미의 '욕망')라는 것을 인정한다면 완전한 만족이라는 것은 결코 있을 수 없고"(『소비』), 그 욕망의 표층적 현실은 바로 어느 한 기표로부터 다른 기표로의 도주(逃走)에 의해서 끝없이 회전하는 것이다. 내 욕구가 자율성을 잃어버리고 상호모방적 욕구의 체계, 즉 욕망의 체계에 의해서 포섭되어 함께 굴러다니게 될 때, 욕구는 환유(換喩)의 욕망으로 변질된다. 그리고 그 환유의 이동성을 안전하게 보장해주는 것이 체계요, 그 체계의 코드와 단말기들이다. 한때 실존에 닿아 있던 대상 있는 욕구였던 것들이 체계의 연동력(連動力)에 휩쓸려 회전하면서 '목적 없는 갈망'(objectless cravining)(D. 리스만)으로 변질되고 마는 것이다. 그러므로, 이 시대의 "욕구는 체계의 요소로서 만들어지는 것이지 개인과 사물의 관계로서 만들어지는 것이 아니다."(『소비』)

논의의 수준과 성격은 다소 달라지겠지만, 여기에 욕망과 희생에 대한 지라르의 논의를 덧붙여도 좋다. 이미 숱한 분석이 확인해주고 있듯이 욕망의 모방적 경쟁관계는 '차이'를 먹고 살아가는 다이내미즘이다. 그것은 기성의 차이들에 근거할 뿐 아니라 차이의 자기차이화(self-differentiation)를 통해서 번성하는 욕망의 기호론인 것이다. 전통적으로 보자면 이 차이들과 이로 인한 경쟁적 모방의 네트워크는 일종의 보나파르티즘이나 사회적 희생제의를 통해서 해소되곤 했다. "희생양을 통한 해결책이 더 이상 가능하지 않을 때에 욕망은 인간관계에 틈탄다."• 그러나 욕망의 모방적 연쇄는 불필요한 짓이고, 희생양을 통한 전면적인 해소는 불가능한 노릇이다. 그럼에도 불구하고 체계 속에서 기호학적 차이로 환원된 욕망은 쉼 없이 모방의 위기를 향해서 치닫게 되고, 그 위기를 임시로 미봉하려는 희생제의적 해결은 반복된다.

그것은 오직 완전히 다른 희망과 세계관을 향한 '하아얀 의욕'의 충실성 속에서만 단절된다. 알튀세르의 표현을 흉내 내자면, 삶의 총체성이 (이를테면 이데올로기의 그물보다 낮아진 습관의 무게에 얹혀) 마치 물질처럼 통합된 채 지향하는 힘으로서의 희망이자 세계관이다. 그것은 마지막 이데올로기인 소비주의를 전방위적으로, 안팎으로, 그리고 꿈과 공상 속에서까지 방호하고 있는 체계에 이론적으로 맞버티고 그 체제와 생산적으로 불화하는 삶의 형식 속에서만 조금씩 가능해진다. 그러므로 희망은 오직 생활양식의 총체성에 그 밑절미를 둔다. 이 생활양식이라는 인문(人紋)의 결절점은, 마르크스 이후 체계 이론과 행위 이론 사이/안팎에서 정처 없이 바장이거나 배돌곤 했던 어려움을 뚫고 나갈 실천의 요령을 얻을 수 있는 곳이다. 생활양식의 충실성을 얻지 못한 '행위'는 제스처나 운동의 슬로건으로 잗달게 그칠 공산이 크고, 마찬가지로 생활양

• Rene Girard, *Des choses cachées depuis la fondation du monde*, 1975. 이후 본문에서는 'ca'로 약칭.

식에 터를 얻지 못한 '체계' 비판은 그 비판자를 안팎으로 분열시키거나 소외시킨다. 강의나 대화 같은 대면관계는 이 생활양식이 결절하는 지점, 혹은 (들뢰즈의 표현처럼) '적용점'(points d'applicaton)의 일종으로 이해할 수 있다. 자신의 일상 속에서 이 채널을 놓치는 이들은 (가령) 이렇게 말한다. "이번 여름에는 논문을 써야겠다", 혹은 "다음 학기에는 학생들과 대화를 좀 해야겠다." 그리고 그렇게 연장된 조직으로서의 말(대면관계)은 다시 글쓰기의 생활이 개시한 지평 속에 야무지게 얹힌다.

감성을 우리의 대안으로 한사코 내세울 수 없듯이, 욕망을 무작정 우리의 해방자로 내세울 수 없다. 감성이나 욕망은 차라리 그 '배치'에 의해 천변만화하는 에너지일 뿐이기 때문에, 그것이 놓인 삶의 자리(Sitz-im-Leben)를 꼼꼼히 헤아리면서 현명하게 배치하지 못한다면 그 해방과 치유의 효과는 없는 것이다. 더구나 문제가 되고 있는 이 욕망은 마치 암(癌)처럼 인간의 몸 밖으로까지 나와 그 숙주를 무시한 채 무한증식하고 있는 것이다. 욕망의 표현이 그 자체로 해방적 가치를 지닌 듯이 보이던 초기 증상의 시기는 아득히 지나갔다. 사회적 맥락 속에서 그 자리를 잡고 생활정치의 방향성을 얻은 욕망이 아니라면 감히 '대안' 운운할 게 아니다. 개인들의 욕망은,

억압과 해방의 변증법이라는 낡은 코드를 임의로 비웃으며 신뢰나 연대의 무게 없이 비산할 뿐이다.

보드리야르는 "오늘날 육체가 구원의 대상이 되었다"(『소비』)고 말한다. 실은 육체를 벗어버림으로써 구원을 성취하려던 과거의 관습은 포이어바흐나 니체를 거치면서 이미 어른이 된 자의 강보(襁褓)와 같은 것이 되고 말았다. 이미 오래전 볼테르가 '정원'(jardin)이라는 메타포를 써서 비슷한 생각을 제출한 바 있지만, 도킨스(Richard Dawkins)가 그의 『신 망상(만들어진 신)』(*God Delusion*, 2006)의 앞머리에서 인용한 아담스(Doublas Adams)의 말처럼 이미 육체(정원)의 아름다움에 대한 진지하고 겸허한 개입만으로 충분한 세상이 아닌가? "정원의 바닥에 요정들이 살고 있다는 생각을 하지 않아도 정원이 아름답다는 사실만으로 충분하지 않은가?"(Isn't it enough to see that a garden is beautiful without having to believe that there are fairies at the bottom of it too?)

'구원이란 무엇인가' 라는 매끈하게 포맷된 위제(僞題)에 빠지지 않으면서, 육체가 바뀌고 있다는 사실, 그래서 종래의 방식이나 그 층위 속에서 육체와 구원을 쌍으로 배치할 수 없게 되었다는 사실을 상상해보자. 예를 들어 자연과학은 원칙을 말하고, 인문학은 '척도'를 말한다(레비 스트로스)고 했을 때, 상상력이 풍부한 인문학도의 불안감을 잠재웠던 것은 여전히 '육체의 항구성'이었다. 예컨대, 신매체를 위시한 전자문화의 눈부신 행진에 딴죽을 걸면서 낡은 인문학주의의 낭만적 관성을 고집할 수 있었던 배경도 이 '변치 않는 육체'에 대한 환상이었다. 그러나 이 환상은, 육체라는 환상, 혹은 환상이 되어버린 육체에 의해서 대체되고 말았다. "인간의 성(sexuality)과 관련된 모든 것은 본능이 아니라 환상에 근거하고 있으며, 따라서 하나의 문화적 산물"(岸田秀, 『성은 환상이다』, 이하 '성')이라는 지적이 이미 상식이 되었고, 따라서 본능을 빼앗긴 육체는 문화(文禍) 속으로 잠식되는 자신의 영토를 방어·탈환하기 위해서 끊임없이 환상을 제조·유포할 수밖에 없는 것이다.

육체를 하나의 소비 대상으로 취급·재생산·유통시킨다거나, 근년의 패션계 동향 등에서 보듯이 육체의 지위가 하나의 문화적 사실이라는 지적 등은 그리 대수로운 것은 아니다. 그러나 "육체와 사물은 하나가 되어 균질한 기호의 망(網)을 구성"(『소비』)한다는 지적의 함의는 생각보다 깊다. 그것은, 마치 암이 숙주인 육체를 벗어 나와 숙주 없이 살아가는 지경을 상상했듯이, '영혼의 감옥'이라던 전통적인 지위를 떨쳐버린 채 육체는 마침내 영혼을 벗어 나왔다는 뜻이며, 심지어 육체가 육체 그 자신을 벗어 나왔다는 뜻이겠기 때문이다. 과거에는 육체의 신화가 영혼이었는데, 이제는 육체의 신화가 육체가 되어, 자기증식의 신화만을 남겨놓게 되었기 때문이다. 이것은 보드리야르가 소비사회의 신화가 소비가 되어버렸다고 했던 것과 유사한 이야기다. 혹은, 조금 다른 맥락이긴 하지만, 캠벨(J. Campbell)이 신화가 사라져가는 현실이 결절되는 지점을 일러 '지구의 신화는 이제 지구라는 바로 그 신화만을 남겨놓게 되었다' 고 말하는 것과 닮았다.

이런 식으로 초월은 부정된다. 초월이라는 극점은 어느덧 '틈' 이 되어 새로운 생활들을 향해 분기할 뿐이다. 혹은 육체가 초월을 육체화시켜 스스로 물신(物神)이 되는 법만 남겨놓고 있다. 육체는 모든 정신을 뒤집어쓰고 있어, 육체는 "영혼 숭배의 뒤를 이어서 그 이데올로기적 기능을 물려받고"(『소비』) 있는 것이다. 육체는 영혼을 솎아내고 스스로 새로운 육체가 됨으로써, 마침내 환상으로, 신화로 재탄생한다.

* * *

"그리고 사실상 두 분야(학문과 과학) 모두에서 우리가 전환점, 파괴점에 도달했다는 것도 결코 불가능한 것만은 아니다.”• 아렌트는 이 지적에 이어서, “진보는 우리가 풀어놓은 재앙스러울 정도로 급격하게 변동하는 과정을 평가하는 규준으로 더 이상 기능할 수 없다”(『세기』)고 덧댄다. 알다시피 진보는 다빈치와 칸트 사이에서 ‘계몽주의’라는 이름 아래 정형화된 바 있는 서구 근대주의의 주된 이념과 규준이었다. 그런데 이 이념과 규준이 마침내 역설(力說)/역설(逆說)의 자가당착에 빠지고, 현실을 향도하거나 조절하지 못하게 되었다는 진단이다. 간단히 평하자면, 마치 자식이 부모를 잡아먹듯 제어할 수 없는 현실이 이념을 포식한 것이다.

현실에 앞서 달리며 현실을 이끌어주던 이념과 꿈이, 그 현실의 장식, 혹은 내구재로서 바로 그 현실 속으로 되잡혀온 것이다. 대책 없이 증식 · 복제하는 현실은 (마치 이념을 잠식하는 이해관심의 모방적 욕망처럼) 초월의 깊이와 상징의 거리를 잡아먹어버린다. 이것은 소비사회의 현실이 곧 소비사회의 신화라는 보드리야르의 지적과 궤를 같이한다.

포식자(捕食者)의 공포는 오히려 포식의 현실보다는 포식의 가능성, 그 음울하고 초조한 전망에 묶여 있다. 만약 그 가능

• 한나 아렌트, 『폭력의 세기』, 김정한 옮김, 이후, 1999. 이후 본문에서는 ‘세기’로 약칭.

성과 전망을 체계화할 수 있다면 그 공포 역시 체계적으로 운용될 것이다. 체계를 이룬 현실은, 거꾸로 그 체계를 통해서 재생산되는 현실을 마치 블랙홀처럼 다시 집어삼킨다. 자연도, 이념도, 초월도, 꿈도, 그리고 재앙의 가능성조차도 삼켜버렸다. 보드리야르는 이러한 조직적인 봉쇄의 이치를 '저지'라는 개념으로써 낚아챘다. '저지'란, (체계 바깥의) 실재가 인공적 체계 속으로 침투할 가능성을 원천적 · 체계적으로 막아버리는 것이다. 말하자면 그것은 미칠 수 없도록 체계적으로 균형을 잡은 상태, 그 모든 우연성을 체계 속에 내재화시킨 상태, 미쳐서(狂) 미치는(達) 개인의 원천적 가능성을 신경증의 체계 속에 포획한 상태인 것이다. 보드리야르의 표현을 빌리면, 저지하려는 대상은 "시스템 속에서 사건을 만들어 시스템의 균형을 깨뜨릴 모든 가능성, 모든 실제의 가능성"(『시옹』)이다. 가령 이것을 원폭 문제와 관련해서 재서술한다면, "저지는 실제적인 핵 충돌 자체가 실재의 우발적 가능성으로서 기호 시스템에서는 미리 배제되어 버림으로부터 온다."(『시옹』) 그리고, 조금 멋쩍게 고쳐 쓴 것을 옮기자면, "저지란 극도의 정체 상태에 이르거나 함몰 중에 있는 시스템들의 함열적인 중화 폭력"(『시옹』)이다.

사실 이 '저지'의 논리는 그의 스승인 바르트(R. Barthes)에게서 배워온 듯하지만, 보드리야르는 이 점을 확인해주지는 않는다. 바르트가 '유사요법'(homeopathy)이라고 부른 것에 의하면, "교회나 군대에 대한 의구심을 바로 교회나 군대의 악(惡) 자체로 치료"하며, "본질적인 악을 예방하거나 치료하기 위해 사소한 악을 접종"•한다. 그는 이러한 메커니즘을 '예방접종'이라고 부르기도 한다. 그것은 진실의 백신을 주사함으로써 진실을 체계적으로 회피할 수 있는 체계다. "대고용주의 착취 기능을 소수의 악당들에게로 전환하여, 보기 흉한 가벼운 종기처럼 붙어 있는 작은 악을 고백함으로써, 현실의 악으로부터 비껴가고 그 악을 거론하는 것을 피하며, 마침내는 그 악을 몰아낸다."(『신화』) 바르트는 부르주아적 신화의 수사학으로서 역시 '예방접종'을 언급하는데, 그것은 "계급 체제의 중심이 되는 악을 더 잘 감추기 위해 이 체제의 부수적인 악을 미리 고백하는 것"(『신화』)과 같다.

이 논의에서 특별히 흥미로운 메타포는 '백혈병'이다. 보드리야르에 따르면, "우리의 삶을 마비시키는 것은 원자폭탄에 의한 파괴의 직접적인 위협이 아니라 우리 삶을 백혈병에 걸리게 하는 저지"(『시옹』)다. 백혈병(白血病)은 피르호(Rudolf

• 롤랑 바르트, 『현대의 신화』, 동문선, 2002. 이후 본문 속에서 '신화'로 약칭.

Virchow)가 1846년 부검 환자의 피가 희게 보인다고 해서 붙인 이름이다. 그리고, 알다시피 백혈병의 증상 가운데 한 가지는 피부가 창백해지는 것이다. 이 창백은 비유컨대 실재와의 접촉이 체계적으로 '저지' 당하기 때문에 생기는 현상이다. 그러므로 '저지' 라는 메타포의 출처는 당연히 현대 사상의 저지할 수 없는 추세인 '반실재론' (antirealism)이며, 보드리야르의 시뮬라시옹/시뮬라크르론도 이 반실재론에서 출발한 기술관념론의 전위적 변종이다. 그러므로, 수혈할 수 있는 모체(母體), 그 실재가 없다.

"실재의 절대적 퇴적층을 재발견할 수 없음은 환상을 연출할 수 없음과 동일하다. 환상은 더 이상 가능하지 않다. 왜냐하면 실재가 더 이상 가능하지 않기 때문이다."(『시옹』)

베이컨(F. Bacon)의 꿈—"사물의 숨겨진 원인과 작용을 탐구"하고 "그럼으로써 인간 활동의 영역을 넓히며 인간의 목적에 맞게 사물을 변화시키는 것"•—이 현실 속에 완결됨과 동시에, 그 현실은 그 현실의 불완전한 과정 속에 터를 두었던

• 프랜시스 베이컨, 『새로운 아틀란티스』, 에코리브르, 2002. 이후 본문 속에서 '티스'로 약칭.

그 모든 꿈들마저 모짝 삼켜버렸다. 보드리야르의 표현대로, 실재가 가능하지 않은 현실 속에서는 환상도 더 이상 가능하지 않기 때문이다. 더불어 잔존하거나 다시 피어오르는 실재의 싹은 '저지'의 장치를 통해 체계적으로 배제되고 마는 것이다. 마침내 진보는 실재를 '다' 갉아먹어버렸다. 꿈을 이루기 위해서 갉아먹었건만, 그러나 실제로 갉아먹힌 것은 바로 그 꿈이었다.

공동체의 건강한 삶은 어떤 종류의 '거리감'을 유지하는 방식과 결부되어 있다. 정신병마저도 현실과 환상 사이의 거리감과 방향감각의 문제로 풀어낼 수 있고, 이데올로기 일반도 일종의 거리감의 착시 효과로 볼 수 있듯이 말이다. 물론, 거리감 그 자체가 아니라 거리감의 조율 능력에 건강의 비결이 있다. 가령 '초월'이니 '내재'니 하는 형이상학적 · 종교적 층위의 거리감에 대한 담론도 일면 건강의 거리와 관련된 얘기로 재해석할 수 있다. '신이 없는 시대에 동무가(라도) 있어야 한다'는 식이랄까, 초월이라는 영원의 거리감을 잃어버린 인간은 자신의 정신적 건강을 위해서라도 연대의 거리감이 필요한 법이다. 피터 버거(Peter L. Berger)의 표현처럼, 현대적 상황 속에서 수직적 초월의 신호가 '소문'으로 추락했다•고 한다면, 수평적 '연대'야말로 소문을 넘어설 수 있는 실속 있는 거리감으로 재체감될 수 있을 것이기 때문이다.

예를 들어 푸코나 부르디외, 로티나 하버마스, 스피박이나 들뢰즈 등과는 달리 보드리야르의 경우에는 '동무 사이의 연대'에 대한 기획이 미약해 보이고, 이것은 그의 글 도처에서 희미하게 어른거리는 비관적 묵시록과 관련된다. 여타의 생물들은 생존 그 자체를 위한 활동에 여념이 없지만, 인간은 그 존재의 '증명'을, 그 가치와 의미의 알리바이를 원하는 법이다. 알다시피 초월욕은 외려 존재의 '여백'(잉여)으로 존재 증명에 골독하는 인간종의 가장 고전적인 자존심이다. 그러나 피터 버거의 말처럼 수직적 초월이 소문으로 떨어졌다면, (자유와 평등 이후에 우애를 배치하는 자크 아탈리 등의 기획과는 조금 다르게) 자유와 평등의 호혜적 지반에 기초한 우애와 연대의 가치가 돋보이게 될 것은 자연스럽다. 하지만 보르리야르가 현시한바, 전자기술의 유토/디스토피아, 혹은 자전하는(그러나 공전하지는 못하는) 시뮬라크르의 세상 속에서 '반성적 주체들의 자발적 이합집산의 다이내미즘'인 연대가 대체 어느 정도로 실현 가능한 사회철학적 프로젝트일지 의문이다. 이를테

• Peter L. Berger, *A Rumor of Angels, Garden City*, NY: Doubleday, 1970. 이후 본문 속에서 'ra'로 약칭.

면, 반체제의 동력이나 의욕이 기동하거나 합작할 수 있는 모든 기술 매체의 연쇄 그 자체가 이미 체제와 불길하게 연동하고 있을 경우, 마치 도시 속의 자유가 소비주의적 차이들의 관리에 불과하듯이 연대의 자율성 역시 체제가 허용하는 일시적인 불꽃놀이와 같은 것으로 전락할지 모른다.

보드리야르는, 이와 유사한 상황을 다음과 같이 서술한다: "우리를 굽어보는 초월적 힘이 사라진 현실 속에서, 그리고 우리의 존재를 증명하려는 끝없는 노력 속에서, 우리는 우리 자신에게 치명적이 될 수밖에 없는 것이다."(IE) 맥루한의 표현처럼 우리는 쉼 없이 작동하는 실험침대 위에서 살아가고 있는 셈이다. 보드리야르의 진단에 따르면, 현대인들은 자신의 모든 가능성을 소비한 후 마침내 스스로를 혐오하는 데 이르렀다.(IE)

자기동일성과 자기애(auto-eroticism)의 극단은 결국 자기모멸과 혐오일 수밖에 없다. 타자의 부재는 결국 자기의 소멸로 이어지게 마련이기 때문이다. 그러므로 개인 의식의 집착은 그 마지막 단계가 자기의 부정으로 나타난다.(『IE』) 진보에 대한 서구적 신념 자체가 이미 심각한 비판에 노출되어 있지만, 제 나름의 시간(느림)과 장소(조용함)를 요구하는 인간의 무늬

(人紋)를 제대로 돌보지 못한 채 진보로 내몰릴 수밖에 없는 인간의 상황은 그것 자체가 곧 '자가당착'인 것이다. "해방은 늘 그 효과가 역전되는 임계점으로 나아갈"(IE) 수밖에 없듯이, 반복적이며 피폐한 자기실험은 자가당착의 역효과를 내게 마련이다.

초월의 수직적 거리감이 아득한 나머지 더 이상 쓸 수 없을 정도로 비현실적이거나 그 유지 비용이 지나치다면, 수평적 연대의 거리감을 생산하고 건강하게 운용하도록 노력해야 한다. 그러나, 자기실험의 자가당착에 이른 이 시대는 꿈과 초월도 삼켜버렸듯이, 연대와 대화도 삼켜버리게 될 것처럼 불길하다. 체계도, 그리고 이것과 적대적으로 공생하는 사이비 반(反)체계적 내성주의도 희망이 아닌 시대, 체계가 자아 속에서 외려 그 진정한 생명력을 얻고 자아는 쉼 없이 체계에 되먹임되는 시대, 그리고 이념에 먹힌 집체주의도 자본에 먹힌 개인주의도 희망일 수 없는 시대, 초월과 연대의 건강한 거리감을 유지하지 못하는 것은 곧 새로운 노예 상태를 뜻한다. 미구에 자기실험적 진보의 극점에 서게 될 현대인은 "그 누구도 아닌 스스로에게 묶인 노예"(IE)인 것이다.

타나토스(thanstos)나 주이상스(jouissance), 혹은 '작은 죽음'(바타유)의 현상에 익숙하면서도, 사랑은 살아 있는 것(혹 드물게는 '죽어 있는 것')을 즐기는 마음 속에서 극히 자연스럽게 움직인다. 예를 들어, 유아들이 하얗게 꼼지락거리는 그 생명력은 자연스럽게 주변의 애정을 불러들인다. 그 애정은 차라리 '이유'—자본제적 욕망과 변덕을 실핏줄처럼 분기시킬 그 자기차이화의 '이유'들—가 없어 보일 정도로 완벽해 보인다. 가령 미술관에 전시된 대가의 미술에 이끌리는 세련된 도시적 감성과는 별개로, 훈풍 속에 하느작거리는 각양각색의 꽃들, 그리고 그 사이로 흐느적대며 날아다니는 나비의 풍경은 일견 그 유약(柔弱)에 비길 수 없는 생동감과 사랑의 감정을 촉발시키게 마련이다. 그 생동감은 복제의 정적 속에 흔적으로 남은 사랑과는 차원이 다르다.

그러나 사랑이든 뭐든 극단에 이르면 스스로의 열정 그 자체를 훼손시키는 자가당착에 이른다. 예를 들어, 쾌락의 주체는 자신의 쾌락(누림)이 의탁하고 있는 조건(밑바탕)을 쉽게 잊고 그 한계(꼭대기)를 향해 직신직신 딴죽을 걸게 마련이다. 그러나 괴델의 불완전성 정리나 루만(N. Luhmann)의 '관찰' 이론이 시사하듯이, 구별(Unterscheidung)과 같은 행위는 구별 그 자체가 의지하고 있는 맹점(blinden Fleck)을 잊고서야 작동하는 법이니, 몸에 의탁한 심리가 욕망의 대상과 맺는 상상적 관계를 '생각'하기 이전에 그 욕망의 밑절미인 몸이 현실적 대상들과 접속하는 구체적인 지점과 그 물적 조건에 유의하는 게 현명하다. 이것은 줄곧 설명해온 현대 문명의 자가당착과 매우 유사한 꼴을 보이는 현상이다. 사랑의 자가당착을 예증하는 극명한 사례로서 성적 네크로필리아(sexual necrophilia)•를 거론해도 좋을 것이다. 19세기 초, '베라 렌치 사건'의 주인공 베라 렌치는 자신의 집 지하실에 그녀가 사랑했던(하는?) 남자들과 남편들의 시체 수십 구를 늘어놓고 틈틈이 내려가서 그 시체-애인들을 감상하며 성적 쾌감을 누렸다고 한다. 그 시체 속에는 그녀의 아들도 있었는데, '나이가 들면 다른 여자에게 갈 것'이라는 불안, 혹은 망상적 질투를 견딜 수 없어 죽였다고 한다. 프로이트는 신경증 일반과 불안을 목적이 저지된 채 억압된 성적 리비도의 부하(負荷) 탓으로 돌렸지만, 라캉은 쾌락이 충족(중단)될 것으로 예상되는 지점이 '의도'보다 빠르게 다가오는 템포에 의해 불안이 생성된다는 해석을 내놓았는데, 렌치의 불안은 쾌락의 중단이라는 시간의 한계를 '시체-애인'이라는 불멸성을 통해 극복하려고 한 행위로 이어졌다고 볼 수 있다. 베라 렌치가 살해의 동기로서 제

• 대중적인 입문서로는 다음의 책을 참조. Erich Fromm, *The Anatomy of Human Destructiveness*, New York: Holt, 1973.

출한 것은 한결같은데, 모두 '나를 안은 남자들이 다른 여자를 안을 것이라는 생각을 견딜 수가 없었다'는 것이다. 죽음을 넘어서 번식하는 이 동일성의 집착이 낳은 광기!

베라 렌치의 행위에 경악을 금치 못하면서도, 내심 우리는 사랑이 살인으로 옮아가는 심리적 기제를 흐릿하게나마 추체험하면서 또 다른 (메타적) 전율을 피할 수 없게 된다. (증오가 아니라) 사랑이 살인과 내연의 관계를 맺는 이 자가당착의 기제는 사랑의 신화를 순박하게 신봉하는 이들로 하여금 일순간 자기불신의 심연으로 곤두박질치게 한다. 진리는 광기와 핍박을 예고하고, 성장은 빈곤과 불평등을 수반하며, 진보는 자기실험의 피폐를 불러오고, 사랑은 죽음을 낳는 이 자가당착! 그렇지만, 핍박과 불평등과 피폐와 죽음을 코앞에 두고서도 삶의 근원적 '어긋남'에 되먹히거나 장기튀김당하는 일상의 어리석음을 멈추지 못하는 이 자가당착의 자가당착이란!

이 테마와 관련된 보드리야르의 은유는 "죽는 것을 잊어버린 행위"(IE 27)다. 그리고 물론, 그가 진단하는 이 시대는 곧 '죽는 것을 잊어버린 시대'이며, 바로 그렇기 때문에 역설적으로 '죽은 시대'이기도 한 것이다. 숙주를 넘어서 살아남는 종양(腫瘍)의 불멸, 원본이 죽어도 살아남아 더욱 빛나는 복제

품들, 의식과 근육이 멈추어도 돌아가는 네트워크, 사랑도 흥분도 발기조차 없이도 가능한 쾌락, 성(性)과 종(種)을 넘어서려 하는 불멸의 신화! 일찍이 칸트가 그의 역사철학에 대한 소고(小考)에서 '기술이 자연이 되는 일'을 언급했는데, 이 언급은 "역사상 우리의 순간에 설립되어 기술과학이 우리에게 자연인 게 분명"•하다는 많은 과학자들의, 그것도 인문사회과학적으로 꽤나 진보적인 과학자들의 진단 속에서 그 구체적인 모습을 얻는다. 기술과학이 자연의 모습을 띠게 된다면 그것은 아마 '죽는 것을 잊어버린 행위'의 여러 형태들이 최종적으로 근거할 매트릭스(matrix)일 것이다. 그런데 이 불멸의 신화는 최소한 두 겹이다. 한편 '죽는 것을 잊어버린 행위'를 의미 있게 논의할 수 있는 시대가 되었다면, 다른 한편 '죽었다는 것을 잊어버린 행위'를 통해서 형성되는 불멸의 신화 역시 매우 흥미로운 것으로 주목을 끈다. 진시황의 불로초 여행이 그 원시적 형태를 대변하는 '죽는 것을 잊어버린 행위'가 아니라 '죽었다는 것을 잊어버린 행위'의 대표적인 주체는 물론 귀신들이다.

• 다나 해러웨이, 『한 장의 잎사귀처럼』, 민경숙 옮김, 갈무리, 2005, 43쪽. 이후 본문 속에서 '잎사귀'로 약칭.

베라 렌치의 시체들, 그 죽은 애인들도 실은 '불멸하는 애인들' 에 다름 아닌 것이다. 그리고 베라 렌치의 파멸, 혹은 부패는 곧 그 불멸하는 시체들의 복수, 불멸성의 복수에 다름 아니다. 또 다른 예로 악명 높은 연쇄살인범인 제프리 다머(Jeffrey Dahmer, 1960~1994)는 그의 희생자들을 '살아 있지만 저항 없는 안정' 의 상태 속에 봉인하기 위해 두개골에 구멍을 뚫어 산(酸)을 주입하곤 했다. 창녀에게 수면제를 먹여 잠을 재운 상태로 고객에게 넘겨 또 다른 형식의 '살아 있지만 저항 없는 안정' 의 서비스를 제공하는 성매매의 경우도 마찬가지다. 연쇄살인범들에게서 흔히 발견되는 식인(食人)의 행태 역시 '살아 있지만 저항 없는 안정' 의 극단적인 형태로 분류할 수 있을 것이다. 한편 죽음과의 싸움은, 혹은 죽음에 대한 지배욕의 완결판은 자살의 일종 속에서 극명하게 드러난다. 자신의 죽음마저도 행위주의적 선택의 대상으로 삼는 자살은 지젝의 해설처럼 실재적 죽음과 상징적 죽음의 일치로 완결된다. 대개의 죽음은 물리적 신체의 죽음과 더불어 상징적 세계에 결락(缺落)을 남기고 또 이 결락의 틈으로 귀신들이 출몰하는 법이지만, 이 완벽한 죽음(임)으로서의 자살은 실재와 상징의 일치를 통해 상상마저 제거해버림으로써 그 모든 귀신들마저도 입막음한다.

"애초에 지구를 지배한 것은 불멸하는 생명체들이었다. 이후에 성(性)을 가진 가멸의 존재가 지구를 지배하게 되었지만, 지금은 다시 불멸하는 존재들이 복제와 인공불멸성, 그리고 성과 죽음의 주변화(周邊化)를 가능케 하는 모든 기술로써 조용한 복수를 감행하고 있는 중이다."(IE) 보드리야르는 이것을 일러 '마지막 해결' 이라고 한다. 인간은 스스로를 불멸화시킴으로써 종(種)을, 그 존재론적 겸손을 벗어나고 있다. 인간은 인간을 해결하고 있는 것이다. 자가당착—그것이 우리의 미래라는 사실은 현재의 플롯이 일제히 증거한다: "니체가 옳은 것으로 증명되고 있다: 인간종은, 홀로 남겨진 채, 단지 그 자신을 복제하거나 파멸시킬 것이다."(IE)

63

문화철학

짐멜이 스스로 밝힌 대로 그의 문화철학적 시도는 개인과 그의 삶을 구제하려는 실천적 동기에서 비롯된다. 전문화와 화폐 교환에 의해 심화되는 객관문화와 그 문화적 비극에 대한 인식이 그의 문화철학적 관심을 주물(鑄物)하는 것이다. 그러나 가령, 하이데거처럼 종교적이리만치 심오한 자나 엘리아데처럼 심오하게 종교적인 자들은 개인들보다는 '존재' 나 '구조' 나 '상징' 이나 '이미지' 등에 더 많은 관심을 보인다. 그래서 그들은 대체로 문화철학적 시론 따위에는 관심이 적다. 하이데거나 엘리아데 등은 모두 '현상학' 이라는 용어를 애용했지만 그들은 이미 현상적 문화나 문화적 현상 따위에는 만족할 수 없었던 것이다.

여기서 참고 삼아 덧댈 만한 정보는, 짐멜의 동료였던 '위대한' 베버(M. Weber)가 그의 종교사회학적 논의 속에서 내비친 문화관이다. 그 내용과 스타일 둘 다에서 짐멜보다 더 독일적이며 덜 경쾌한 이 대가의 입장도 짐멜과 마찬가지로 일종의 '어긋남' 인데, 그것은, '그 기획은 그 수행(遂行)을 통해 오히려 그 의도를 배반한다' 는 삶의 근원적 아이러니다. "이렇게 볼 때 모든 '문화' 는 인간이 자연적 삶의 미리 정해진 순환에서 빠져나오는 것을 의미하는 듯이 보였다. 바로 그렇기 때문에 문화는 한 걸음 한 걸음 나아가면 갈수록 더욱더 철저히 무의미해질 운명을 지닌 듯이 보였으며, 문화적 재화들에 대한 헌신은 이 헌신이 하나의 신성한 과업, 즉 하나의 '소명' 이 되면 될수록 더욱더 무가치하고 그 자체로 어디서나 모순에 차 있는 목표들에, 그리고 서로 적대적인 목표들에 봉사하는 무의미한 배회가 될 운명을 지니고 있는 것이었다."•

• 막스 베버, 『탈주술화 과정과 근대: 학문, 종교, 정치』, 전성우 옮김, 나남, 2002, 272쪽. 이후 본문에서는 '탈주술화' 로 약칭.

64

문화적(文禍的) 비극과 대안(1)

문화의 비극적 모순을 회피하거나 교정하려는 노력들은, 강고하고 전일적인 체제 속에서 그 모순들이 급속히 미봉되는 데에 비례해서 동시다발적으로 번성하는 듯하다. 그중에서도 가장 대표적인 대안이 종교주의적, 혹은 준(準)종교주의적 태도다. '신의 죽음'(니체)에 대한 고전적인 소문이나 '신-망상'(God-delusion)(R. 도킨스)에 대한 최신의 과학적 보고와 같은 것들로서는 결코 소멸시킬 수 없는 대중의 종교적 욕망은 엄연하기 때문이다. 마치 인간이 언어~로써~비로소 생각하는 게 아니듯이, 인간은 환상~으로써~비로소 비현실적으로 변하는 게 아니다. 인간의 생각은 이미 언어적으로 구성되었으며, 마찬가지로 인간의 현실은 환상 속에서 쉼 없이 재생산되고 또 추진된다. 실은, '어긋남' 이라는 인문학의 핵심 주제는 바로 이 언어/생각, 환상/언어 사이의 영원한 균열과 분열을 가리키는 것에 지나지 않는다.

일반적으로 대규모의 종교 세력들이 기존 체제의 안정화를 위해 이데올로기적 기능을 수행하는 것은 널리 알려진 역사적 사실이긴 해도, 체제와 종교 간의 관계는 겉가량할 수 있을 정도로 일률적이진 않다. 천년왕국이나 후천개벽과 같은 종교적 · 유토피아적 계기를 업은 정치적 세력들은 종종 기존 체제를 뒤엎는 혁명적 운동의 주체가 된다. 물론 그 운동이 성공하고 동원성(動員性) · 운동성이 떨어지면서 속으로 권력의 서열화 현상이 생기는 대로 체제 속으로 내재화, 제도화, 안정화되는 일은 거의 피할 수 없다. 혁명은 체제를 뒤엎어야 하지만, 그 현실적인 성과는 다시 새로운 체제에 의지할 수밖에 없기 때문이다. 혁명 이후를 향한 상상이 그 물적 · 제도적 · 생활세계적 토대를 얻지 못한 채 시나브로 혁명 이전으로 퇴각하는 일은 이처럼 쉽다. 대안(counteroffer)이 진정한 대안(alternative)으로 낙착하는 데에는 늘 현명한 수완과 검질긴 일관성이 필수 불가결하다.

그런데 체제와 종교 사이에 틈타는 자본주의적 상업화는, 혹은 (보다 일반적으로 말해서) 체제의 자본주의적 기초와 종교의 자본주의적 기초는, 사안을 더욱 복잡다단하게 만든다. 요컨대 체제와 종교 간의 불화와 타협, 길항과 순응이라는 낡은 도식은 오히려 자본주의적 교환 양식의 일반화 · 일방화에 의해 차라리 부차적인 항목으로 추락한다. 이제 모든 것은 상업적 교환의 하부 단위로 재편성 · 재배치되는 것이다. '삼성제국' 이라고, '기업사회' 라고 하듯이, 그리고 이명박 정권의 기형적인 탄생에서 보듯이, 바야흐로 정부도 종교도 (그 사이에 인문학도) 세계화와 신자유주의의 물결 속에서 걷잡을 수 없이 기업화하고 있으며, 체제의 따개비로 연명하는 개인들은 모짝 소비자화하고 있는 것이다. 따라서 성장주의 기업화의 추세에 외려 적극적으로 조응해온 거대 종교 세력들과 단체들이 '문화의 비극적 모순을 회피하거나 교정하려는 노력들' 의 주체로 나서기는 극히 어려워 보인다. 그들은 체제 그 자체의 감가상각을 줄이기 위해 갖은 재롱을 떨겠지만, 그것은 결국 더욱 강고한 재체제화의 알리바이로 되먹임되고 말 것이다.

니체나 도킨스의 비판을 회피하면서 자본주의적 비인간화 · 물화의 공세를 미봉적으로나마 막아낼 수 있는 (의사)종교주의적 운동들은 기술주의 문화가 공전의 성취를 이룬 20세기 말과 21세기 초에 걸쳐 눈에 띄게 활성화되고 있다. 가령 이 전일적 세계화의 구석구석에서 달라이 라마나 틱낫한이 소비되는 방식은 주류 종교들을 전통적으로 전유하던 방식과는 사뭇 다르다. 분명, 자본주의와 종교주의가 절망적으로 대치하는 부분이 없지 않다. 자본주의에 대한 종교주의적 대안은, 종교가 자본에 손을 댔다는 바로 그 이유 탓에, 그리고 전염은 속성상 맹목이며 그 속령(屬領)이 없다는 단순한 사실 탓에 이미 그 종교는 돌이킬 수 없이 자본주의적이며, 문화적(文化的) · 문화적(文禍的)일 수밖에 없다.

65

문화적(文禍的) 비극과 대안(2)

체제의 그물망에 의해 다시 포획된 전인권은 '다시 음악(만)을 하게 해달라!' 고 하소연한다. 그는 그 음악을 통해, 그 음악이라는 탈영토화•의 심리적 기제를 통해, 혹은 현실의 상징적 질서가 소실되는 지점에서 표상되는 의지(意志) 그 자체에 동참하는 체험을 통해 체제 속에서 그 체제의 밖을 꿈꾸려 하는지도 모른다. 그러나, 체제의 법은 그의 음악이 음악이 되는 순간 이미 체제와 결탁해야 한다는 사실을 안다. 그의 실재인

• 질 들뢰즈, 펠릭스 가타리, 『천 개의 고원』, 김재인 옮김, 새물결, 2001, 772쪽. 이후 본문에서는 '천개' 로 약칭.

음악은 체제의 바깥으로 외출하려는 순간 이미 그의 사적인 '느낌' 속으로 기화(氣化)하고 만다. 느낌만으로는 체제의 외부를 구성할 수 없는데, (실없는 해석이긴 하지만) 그는 그래서 대마초를 피웠을 것이다.

그 옛날, 부산지역의 대학생이던 우리들은 을숙도 등에 야유회를 갈라치면 노상 대마초를 피웠는데, 거기서 그 무슨 기화요초(琪花瑤草)를 감상하고 색은행괴(索隱行怪)를 부릴지라도, 다 알다시피 을숙도도 나라의 한 부분이다.

66

문화적(文禍的) 비극과 대안(3)

가령, 술이나 이로 인한 기행은 어느 정도로 체제에 반항적일까?• 그 기행조차 개인의 '느낌' 으로 이루어진 사세계(私世界)를 강박적으로 재생산할 뿐이고 기껏 '생각' 으로 환원될 뿐일까? '생각이 공부가 아니' 라는 내 지론에 이치가 선다면 대체 느낌은 어떤 식으로 체제 너머를 기약할 수 있을까? 모험이라는 주제에 대한 짐멜의 서술은 이에 대한 좋은 참조점이 된다. "모험은 삶의 전반적인 맥락으로부터 떨어져 나오는

• 다음 책 중의 '술, 매체와 동무' 를 참조할 것. 김영민, 『동무론: 인문연대의 미래형식』, 한겨레출판, 2008. 이후 본문 속에서 '동무론' 으로 약칭.

반면에, 바로 이 운동과 더불어 다시금 삶의 맥락 속으로 들어간다. 결국 모험은 우리 존재 안에 있는 이물질이다. 하지만 어떠한 방식으로든 존재의 중심과 결합되어 있는 이물질이다. 외부는 내부의 형식이 된다. 비록 멀고 친숙하지 않은 우회로를 거쳐서이기는 하지만 말이다."(짐멜, 「모험」)

술이든 대마초든 혹은 그 무엇이든 그 일탈과 해방이 개인의 느낌에 의탁한다면, 그것은 모험이며, 모험은 아이러니와 마찬가지로 공동체적 연대와 생활양식으로 내려앉기가 어렵다. "모험이 우리 존재 안에 있는 이물질"이듯이, 일탈과 해방을 향한 개인의 운신은 생활양식에 구성적으로 착근할 수 없는 이물질로 남게 될 것이다. 비판적 사회학자들이나 문화비평가들이 잘 밝혀놓은 대로, 그 느낌은 이미/충분히 체제에 포섭된 것이며, 심지어 체제가 자신의 알리바이로서 기꺼이 재생산하려는 것이기도 하다.

개인의 느낌에 의탁한 짓들로써 잠시나마 체제의 구속과 '피로'—보드리야르나 울리히 벡의 지적이 있은 이후, 개인의 피로는 이미 체제의 것이라는 사실은 상식이 되었다—를 외면하려는 노력도 이미 체제의 것이다. '고독산업'(이기호/강준만)이라거나 '느낌산업'이라는 말처럼, 고독이나 고양감(高揚

感)조차 산업에 포획된 채로 영영 체제의 외부에 이르지 못하는 구조다. 이처럼, 문화의 비극적 모순을 피하려고 느낌 속의 실재를 구할 때, 이미 그 실재는 느낌 속으로 환원되어 새로운 모순을 재생산한다.

'외부는 내부의 형식'—비록 그 외부가 "멀고 친숙하지 않은 우회로"를 거치긴 하지만—이라는 도식은 그 우회로의 형태나 규모와 관계없이 결국은 관념론으로 떨어지기 쉽다. 마치 행정관료적 세계의 합리주의라는 내부가 정치적 비합리주의라는 외부와 접속함으로써 합리주의가 구조적으로 비합리주의와 내통하듯이, 그 외부가 내부로부터 연역될 수 있는 것이라면 우회로는 우회라는 그 가치 자체를 잃어버리게 된다. 느낌을, 심리를, 마음을 넘어서는 생활양식의 재구성이 없이는 외부도 이미 외부가 아니요, 내부도 아무 실익이 없다. 차라리, 퇴계처럼 "더욱이 이 도리는 내외의 구분이 없습니다. 무릇 외(外)를 삼가는 것이 곧 내(內)를 함양하게 되는 소이입니다(況此道理無間內外凡致謹於外乃所以涵養其中也)"(퇴계, 『자성록(自省錄)』)라는 게 훨씬 낫다.

67

문화적(文禍的) 비극과 대안(4)

문화적 비극을 넘어 주객의 합일을 도모하려는 발상 속에서 '천재' 라는 현상이 발명된다. 혹은 헤겔의 말을 빌리면, 영웅은 그 개인의 특수하고 구체적인 삶의 목적 속에 '세계정신의 의지' (der Wille des Weltgeistes)라는 실체적 내용을 포함하게 되는 것이다. 짐멜은 괴테나 니체 등을 논의한 글에서, 위대한 창조성을 통해 개인은 법칙(실재)과 일치한다고 주장한다.

"위대한 창조적 개인에게 개별적 업적은 그의 고유한 존재에 내재한 광범위한 깊이로부터 흘러나오기 때문에 바로 거기에서 확고한 기초를 발견하게 되며, 또한 능력이 뒤떨어진 사람의 경우처럼 외부에서 수용된 양식에 의한 업적과 달리 '지금 여기'를 넘어서는 무엇을 발견하게 된다. 여기서 개인적인 것은 개인 법칙을 나타내는 예가 된다. 개인 법칙을 만들 만큼 충분히 강하지 못한 사람은 보편 법칙을 따라야 한다."(게오르크 짐멜, 『근대 세계관의 역사』)

그러므로, 앞서 말한 논의를 연장해보면, 천재의 경우, 그 느낌은 예외적으로 체제의 일부가 아니다. 천재의 개인과 그 느낌은 사적 나르시스로 환원되지 않고 사물의 객관적 내용과 그 법칙을 이끌어올려 자기 자신과 합체를 이룬다. 그러나 천재라는 중층적 아이러니의 재바른 현상을 문화(文化)의 문화화(文禍化)에 대한 지속 가능한 실천적 대안으로 삼기는 어렵다.

68

문화적(文禍的) 비극과 대안(5)

형식의 객관화, 물화가 낳은 문화적 비극에 대한 반동으로 무형식을 지향하는 태도에 짐멜은 호의적이지 않다. 그래서 "이 모순을 피하려는 무형식은 대체 이해할 수 없는 것"으로 폄하된다. 예를 들어 미래주의는 "전통적 형식에 안주하지 못한 채 새 형식을 찾지 못하고 순수한 가능성을 좇는 삶의 열정"으로서 그 혁신적 취지와는 별도로 자기소멸적 맹아를 스스로 품고 있다. 이런 식으로, 보드리야르가 다소 과장스레 묘사·시사한 바 있듯이 실재보다 더 실재적인 모사품(simula-rcre)의 문화적(文禍的) 문화화(文化化)의 자폐적 움직임은 단토(Arthur Danto)가 예술사적 맥락을 통해 정식화한 '예술의 종말' 과 이어진다. 물론 『미학강의』의 서문에서 헤겔이 말한 '예술의 종말' 은, 자유의 보편적 확산과 더불어 역사의 완성을 지시하는 그의 역사철학적 전망과 동근원적 테마다. 절대정신이 역사 속에 자신의 가능성을 실현함으로써 그 여정을 마무리하면, 관념과 실재가 실질적으로 일치된 현실 속에 형상(形象)과 상징표현은 원칙적으로 불필요해진다. 따라서 플라톤 이래의 미메시스(mimesis)로서의 예술 개념은 종말을 고하게 되는 셈이다. 그러나 널리 알려져 있듯이 헤겔이 말하는 '종말' 은 '이데올로기의 종언' (다니엘 벨)이나 '역사의 종언' (후쿠야마)의 경우와 마찬가지로, 한편 자폐적 지경에 내몰리면서도 비의도적으로 얻게 되는 자기성찰적 투시(透視)와 그 메타적 전망의 기미를 띤다. (데리다 식으로 말해서) 철학의 종말이 그저 책을 덮는 게 아니라 오히려 책들이 덮이는(덮여야 하는) 현상에 대한 새로운 독해를 요구하듯이, 예술의 종말 역시 단순히 예술활동의 태업이나 파업이 아니라 차라리 메타비판적 성찰의 시선 아래에서 새롭게 전개되는 변용이라고 해야 할 것이다. 예를 들어 헤겔은 특히 네덜란드의 풍속화를 통해, 절대정신의 진리를 현실 속에 형상화하는 방식이자 계기로서의 예술이 종말을 고한 이후에도 가능한 예술의 변용을 예시한 바 있다. 긴 세월 동안 종교예술의 배경이자 그 여백의 삽화에 머물던 풍경 · 풍속이 17세기에 이르면서 주된 화재(畵

材)로 등록되는데, 흔히 요르단스, 메취, 렘브란트, 베르메르, 루벤스, 벨라스케스 등이 거론된다. 미술사가인 곰브리치의 말처럼, 17세기 네덜란드의 프로테스탄트 여건 속에서 성서의 이야기들은 시속의 화제(畵題)에 비해 전래의 형이상학적 우위를 점하지 못한 채 그 자체로 일종의 풍속화로서 취급되기 시작한 것이다. 그래서 풍속, 풍경, 그리고 일상생활 속의 정물(靜物)은 종교 · 신화적 구성의 부속물이 아니라 그 나름의 자율적 가치를 지니게 된다.

'예술의 종말' 이라는 헤겔적 테마를 새롭게 제기한 단토(Arthur Danto) 역시 '예술은 철학이 되었다' 는 헤겔의 명제를 반복한다. 시각적 이미지의 일정한 패턴이나 그 맥리(脈理)를 보존하려는 전통보다 철학적 개념의 뒷받침이 더 절실해지면서 시각적 감상만으로는 예술과 비예술을 구분할 길이 없어지게 된다. 마찬가지로 마치 자유의 확산 속에서 인정투쟁이 미혹(迷惑)에 빠질 수밖에 없듯이, 조형성이 극단적으로 다원화됨에 따라서 '무엇이든 좋다' (anthing goes)는 파이어아벤트(Paul Feryerabend)의 반방법적 명제가 예술에도 여과 없이 통하게 되는 셈이다. 현대미술 일반이 그런 경향을 띠지만 퍼포먼스 식의 문화적 활동은 결국 '형식의 객관화, 물화가 낳은 문화적 비극' 에 대한 반동이랄 수 있다. 그러나 그 반동은 바로 그 반동의 형식에 내재한 자기소멸적 지향 탓으로 그 반동의 취지를 생산적으로 승화 · 계승시킬 동력이나 매체를 얻지 못하는 경우가 많다.

'순수미술' 이라는 현상 이전의 예술은 "모두 인간이 세계와 '관계' 를 맺으면서 파생된 것"• 인데, 형식의 객관화나 물화는 모두 이 '관계' 속에서 자연스레 결정된 것이다. '미술' 은 대체로 지난 200년 사이의 발명품이고, 그 이전의 미술(예술)은 주로 당대의 종교문화나 귀족문화와 직접 관련되는 부산물인데, 사제나 귀족에 의지하지 않는 예술적 자율성의 확보와 확산은 곧 자유, 혹은 시장을 향한 사회 변동의 표징이 되었고, 거꾸로 예술지상주의적 무형식은 한편 종교의 대용품이면서 다른 한편 예술 그 자체의 종말을 가리키는 징조가 되기도 하는 것이다.

• 메리 앤 스타니스제프스키, 『이것은 미술이 아니다』, 박이소 옮김, 현실문화연구, 2006, 71쪽.

69

문화적(文禍的) 비극과 대안(6)

문화적 비극에 대한 처방, 혹은 좁게는 자본주의적 피로에 대한 대안이나 도피처로서, 다소 생급스럽긴 하지만 '아이'—'자식' 이 아니다—가 지목되기도 한다. 벡-게른샤임(E. Beck-Gernsheim)• 등은 고도 산업사회의 합리적 규율 속에서 아이는 삶의 '자연적' 측면을 나타내고, 문화(文化) 혹은 문화(文禍)의 인공성에서 도피하거나 그것을 연성화시킬 수 있는 대상으로 드러난다는 점을 밝힌다. 아이의 존재는, 고도로 기능화된,

• 엘리자베스 벡, 울리히 벡, 『사랑은 지독한, 그러나 너무나 정상적인 혼란』, 강수영 외 옮김, 새물결, 1999.

그리고 도구주의적으로 1차원화된 사회 속의 허무를 메워주는 역할을 하고, 정거장처럼 잠시 머물다가 사라지곤 하는 애인들의 공백을 채워주기도 한다는 것이다. 그것은 '실재를 향한 열정'(La passion du réel)(A. 바디우)의 일종이기도 한데, 다만 흥미로운 것은, 어른들이 자해(自害)를 통해 살 속의 피를 고집한다면 아이들의 살은 그 자체로 일종의 피와 같은 실재의 효과를 얻는다는 것이다.

그러나 이런 식의 정서적 도우미 기능도 '잠시 머물다가 사라지곤 하는 애인들' 못지않게 잠정적이다. 모든 아이들은 제 나름의 조짐을 보이며, 그 조짐 속에서 그들은 이미 아이들이 아니다. 다만, (아우구스티누스의 지론을 좇아 말하자면) 내 아이들이 내 애인들보다 더 괜찮아 보이는 이유는, 그들이 더 착하기 때문이 아니라 더 약하기 때문이다.

70

문화적(文禍的) 비극과 대안(7)

1. 문화적 비극과 그 대안으로 어찌 '사랑'을 뺄 수 있으랴? 하지만 나는 이미 충분히 말했는데,• 사랑은 그 대안에 미치지 못하는 방식으로만 쉼 없이 소비됨으로써 세속의 대안이 된다.

2. '사랑'이라는 이름은 동물이 되기를 거부하는 인간의 허영을 환상으로 뒤발한 것이다. 그래서 그것은 어김없는 문화(文禍)의 일종이다. 그러나 문화의 저편에는, 언제나 트라우마

• 김영민, 『사랑, 그 환상의 물매』, 마음산책, 2005.

의 일종으로 경험됨으로써만 문화의 노역을 보상하는 섹스가 있는데, 사드(Sade)처럼 문화의 대척점에 섹스라는 도착적 자연을 두는 것("기벽이라고 하는 것은 이미 자연 속에 존재하는 것")•은 "지상에 악이라는 것은 거의 존재하지 않는다"(규방)는 행방(行方)의 윤리성을 잃어버리는 결과를 낳게 된다.

• 사드, 『규방철학』, 이충훈 옮김, 도서출판b, 2005, 94쪽. 이후 본문 속에서는 '규방'으로 약칭.

71

문화적(文禍的) 비극과 대안(8)

'꿈인가 생시인가?' 라면서 자신의 살을 꼬집는다는 얘기, 이것은, 자해(自害)가 실재에 접근하는 가장 오래된 방식 중의 하나였다는 사실을 은연중에 드러낸다.* 그것이 꿈에서 실재로 나아가는 방식이었다면, 이제 그것은 도시적 판타즈마고리아(phantasmatoria)와 시뮬라크르의 문화적 진공으로부터 통기

* 쿠마키리 카즈요시(熊切和嘉)의 『안테나(アンテナ)』(2003)에는, 16세 무렵 아버지의 장례식 이후 "집안이 너무 고요해서" 자해를 시작했다는 장남의 대사가 나온다. 이것은 자해를 통해 실재감을 회복하려는 행위가 실은 (사회적) 정체성의 위기에 수반되는 주체의 결락을 도착적으로 보상하려는 행위라는 사실을 일깨운다. 그래서, "집을 나가 있으면 괜찮"다고 말하는 것이다. '자기 속의 타인' 이라는 존재론적 중층성에서 '타인지향적 태도' (D. 리스만)에 이르기까지 개인의 사회적 정체성은 어울리고 섞인 관계망의 효과이며, 그래서 정체성은 결국 일종의 '존재의 소음(騷音)' 이라고 해야 할 것이다.

(通氣)를 얻으려는 수작이 되고 만다. 이른바 익스트림 스포츠(extreme sports)는, 바로 그 문화적 진공을 중심으로 하는 도시 부르주아의 나태한 평화에서 일시적으로나마 탈출하려는 영웅적 나르시시즘, 그 자해의 형식으로 볼 수 있을 것이다.

물론 이것은 일종의 혼동인데, 문화(文化) 혹은 문화(文禍)의 저편은 결코 살이나 피가 아니기 때문이다. 말을 먹은 살, 이데올로기에 습합된 살, 심지어 상품으로 진열된 살은, 마치 '파노라마의 형식으로 도시 속에 포획된 시골'(벤야민)처럼 문화 속에 포획된 또 다른 형식의 문화(文禍)에 불과하기 때문이다. 아직은 자연도 문화도 아닌, 이 맹목의 질료는, 마치 아직은 아무것도 아니어서 동무들 사이의 신뢰에 이를 수 없는 일차적 호감처럼, 오직 그 전유의 형태, 즉 개인의 생활양식, 혹은 당대의 체제에 대한 개인의 반응 양식에 의해서 그 윤리성을 뒤늦게 증거할 수 있을 뿐이다.

72

문화적(文禍的) 비극과 대안(9)

합일의 체험은 어떤가? 종교적 합일이나 성적 합일의 엑스터시를 통해서 얻는 대안은 어떤가? 문화적 비극이 결국 분리이자 소외라는 점에서 이 같은 극적 합일의 체험은 비판적 관찰자나 구경꾼의 냉소 속에서는 영영 이해할 수 없는 열광적인 추종을 낳는다. 외부의 핍박이 외려 역설적 긍지와 열정을 부추기는 대표적인 영역이 사랑과 종교라는 사실은 이 사적 합일의 체험에 곁붙곤 하는 잉여의 쾌락을 설명해준다.

이 쾌락의 잉여 속에서 사적 · 심리적으로 재확인되는 합일의 가치는 강박적이다. 생활의 밑거름이 되지 못한 채 반복되는 쾌락은 언제나 강박적인데, 강박은 대안이라기보다는 억압된 것이 어쩔 수 없이 돌아오는 증상이며, 그 증상 속에서 은유적•으로 드러나는 주체(무의식)의 자리에 대안적 · 전략적으로 접근할 수는 없기 때문이다. 차라리 이러한 종류의 엑스터시에 대한 과감각(hypersenstivity)은, 안면경련이나 거미공포증•처럼 그 자체가 일종의 '가면을 쓰고 자신을 가리키는' 주체의 증상에 가깝다.

합일의 체험 속에 해답을 얻으려는 태도는 이미 문제를 놓치고 있는 셈이다. 그러니까, 문제는 합일의 바깥에 상정(想定)된 소외나 분리의 현실이 아니라 (앞서 말했듯이) 가면을 쓴 채로 가리키는 바로 그 자신이기 때문이다. 삶의 양식이 될 수 없는 합일의 체험 속에서 진정한 삶이라는 가상(Schein)을 고집할 게 아니라 분리와 소외의 기원과 그 메커니즘에 천착할 노릇이며, 내가 누리는 잉여의 쾌락이 그 메커니즘에 어떻게 얽혀 있는지를 신랄하게 따질 일이다.

• Jacque Lacan, *Ecrits: A Selection*, tr. Bruce Fink, New York: Norton, 2002, p.166
• 브루스 핑크, 『에크리 읽기』, 김서영 옮김, 도서출판b, 2007, 196쪽.

73

서툰 허우적거림으로 자신의 비밀스런 현재를 알릴 뿐인 새로운 형식

짐멜은 "형식 원리에 대한 혐오는 삶의 감정에 충만한 모든 근대 사상가에게 고조"된다고 말하는데, 문화적 비극에 대한 그의 관심은 바로 그 '삶의 감정'에서 발원한다고 해야 할 것이다. 그의 사회학이 문학적 공간을 열고 미학적 결실을 얻게 된 것은 그 '삶의 감정'과 관련된다. 그에게 삶은 형식과 내용, 영혼과 물질, 필연성과 자유 등속으로 나뉠 수 없는 하나의 통일체다.

그래서 짐멜은 하나의 맥박 속으로 통일될 새로운 표현의 형식을 구한다. 물질이면서 정신인 글, 육체이면서 의식인 글,

형식이면서 내용인 글, 필연적이되 자유로운 글…. 그러나 그것은 결국 어떤 식이든 문학 속에서만 가능한 실험일 것이다. 문학이라는, 아무것도 아니면서, 아니 아무것도 아니기에 그 무엇이든 될 수 있는 글(쓰기) 속에서만 가능한 합일의 예감 속으로 자신을 내몬다.

"지금까지 논리적으로 타당했던 개념 이분법의 좌절, 아직 공식화될 수 없는 제3의 것에 대한 요구야말로 다음의 사실을 분명하게 드러낸다. 즉 정신적 표현을 통해 삶의 내용을 처리하는 수단이 충분하지 않다는 사실, 그리고 우리가 표현하려는 것이 이들 수단으로 녹아들지 않아 그것들을 부수면서 새로운 형식을 찾는다는 사실 말이다. 이들 새로운 형식은 지금으로서는 그저 예감이나 불명확한 사실로, 요구 혹은 서투른 허우적거림으로 자신의 비밀스러운 현재를 알릴 뿐이다."(짐멜, 「문화형식의 변동」)

데리다도 글쓰기를 농경(農耕)에 빗대어 그 기원을 설명한 적이 있지만, 시구(詩句)에 해당하는 라틴어(verse)는 '회전'을 뜻하는 우에르수스(usersus)에서 파생한 것으로 원래는 '밭고랑'을 가리켰다.• 이와 대조적으로 산문(prose, 라틴어로는 prosa)은 '바로'나 '곧장'이라는 의미를 지닌 라틴어 형용사

(prosus)에서 전와(轉訛)한 것인데, 이로써 시문이 회전의 리듬에 의존한다면 산문은 그 논리의 일관성에 기댄다는 일반적인 구별이 선다. 새로운 형식에 목말라 하면서 "그저 예감이나 불명확한 사실로, 요구 혹은 서투른 허우적거림으로 자신의 비밀스러운 현재를 알릴 뿐"인 사회학자는 다만 밭고랑을 오락가락하는 것으로 만족하지 못할 것이며 논리의 소실점에 취한 채 일관된 걸음만을 고집하지도 못할 것이다. 형식에 긴박(緊縛)당한 영혼은 울면서 새로운 형식을 만들어내고, 새 형식의 조형에 지불한 비용만큼 커진 영혼은 다시 그 형식을 미워하게 되는 존재론적 아이러니의 힘은 그 무엇에 의탁해서라도 스스로를 갱신하게 되는데, 그것은 "법칙정립적 인식론과 개별기술적 인식론 사이의 구별이 없어"• 지고 "선과 진의 문제를 동시에 그리고 서로 불가분한 것으로 다루어야"(종언) 한다는 사회학자이든 "시의 핵심에서 사회의 문제를 읽는 것"•을 말하는 사회학자이든, 혹은 그 어느 누구의 무엇이든, 사회(현실)와 글 사이의 간극과 소외에 천착하는 이라면 그는 사회학자이며 반드시 사회학자 이상일 것이기 때문이다.

• 피터 왓슨, 『생각의 역사1: 불에서 프로이트까지』, 남경태 옮김, 들녘, 2009, 309쪽. 이후 본문에서는 '생각' 으로 약칭.
• 이매뉴얼 월러스틴, 『우리가 아는 세계의 종언』, 백승욱 옮김, 창작과비평, 2001, 232쪽. 이후 본문에서는 '종언' 으로 약칭.
• 김홍중, 『마음의 사회학』, 문학동네, 2009, 392쪽.

74

도시와 문학

짐멜이 도시 연구자이면서 동시에 문학적 공간의 개현자였다는 사실은 결코 별개의 것이 아니다. 보다 일반적으로 평하자면, "그(짐멜)는 20세기 초 거대 도시들의 긴장관계를 통해 근대성의 움직임을 포착했다."• 바르트처럼 아예 글쓰기 자체를 도시 부르주아의 항구적 상태인 신경증적 여건의 소산으로 여기는 이들이 적지 않듯이, 암송과 윤독을 잃어버린 현대의 글쓰기라는 활동은 도시라는 신경증적 환경을 갉아먹으며 연명한다. 신경증은 이행기의 증상이지만, 무릇 인간은 (파스

• 니콜 라피에르, 『다른 곳을 사유하자』, 이세진 옮김, 푸른숲, 2007, 38쪽.

칼과 니체가 각각 다르게 표현했던) 그 중간자, 사이존재(Zwischensein), 혹은 아기와 광인이라는 두 겹의 영도(零度)에 끼인 딜레마이기에 필시 신경증이라는 정신의 먹이를 피할 수 없다.

그는 도시라는 '장소가 아닌 공간'에 신경질적으로 반응하는데, 근대의 글쓰기는 이 같은 반응형성물(reaction formations)과 관련이 깊다. 루카치의 잘 알려진 이론에 의하면 근대소설은 (라블레와 세르반테스에 의해서 예시되듯이) '이중의 전선투쟁'(Zweifrontkampf)에 그 토대를 두는데, 그것은 "사멸해가는 봉건사회에 의한 인간의 퇴락에 맞선 투쟁과 움트고 있는 시민사회에 의한 인간의 퇴락에 맞선 투쟁을 동시적으로 전개"•하는 것이다. 루카치의 분석에서는 그 같은 논의가 없지만, "산문적 시민사회의 비열성"(이론)에 맞선 문학적 투쟁은 '공간화되어버린 장소들의 회복 혹은 갱신'이라는 테마 속으로 그 이치의 일단을 번역해들일 수 있다. 김애란의 단편 「노크하지 않는 집」(2003)을 "장소가 사람의 정체성을 만들어가는 영향력에 관한 생활공포 소설"•로 읽어낼 수 있듯이, 도

• 게오르크 루카치, 『루카치 문학이론』, 편혜원 편역, 세계, 1990, 140쪽. 이후 본문에서는 '이론'으로 약칭.

시의 문학도 도시라는 (장소가 아닌) 장소가 봉건적 주체가 와해되면서 부르주아 주체가 생성되는 이행의 과정 전반에 미치는 영향을 표현한 것으로 읽을 수 있다. 이것은 비단 문학만의 사정이 아니라 근현대의 인문사회과학 일반에 예외 없이 해당된다. 역사학을 포함한 아카데미아의 사회과학들이 19세기의 제도권에 기입 · 배치되면서 생성되었다는 사실에만 근거하는 논의가 아니라, 도시 여건의 보편적 형성과 그 장(champ)의 복합적 효과야말로 20세기 학문의 결정적인 상수이기 때문이다. (한 가지 예를 들어 일반인들 중에도 춤의 고수가 많았던 시대가 지나가고, 인간의 신체가 군인, 학생, 노동자의 신체로 규율화되면서 무용과 그 교육에 관해서도 무엇인가 결정적인 변화가 생긴 것은 결국은 산업혁명과 도시화의 결과로 볼 수 있다.•) 언어성(Sprachlichkeit)에 대한 감성이 없이 현대철학에 제대로 접근할 수 없는 것처럼 도시성(urbanité)에 대한 감성이 없이는 현대 인문사회과학의 알속을 놓치게 된다.

마찬가지로 도시라는 현상이 그 나름의 내력을 드리운 역사적 구성물이라는 사실, 그리고 오직 비판적 · 계보학적 분석의

• 제혜석, "달려라, 그만: 김애란을 '기품'의 소설을 읽기 위한 하나의 시론." 이 글은 2010년 『경향신문』의 문학평론 부분 당선작으로 미발표작이다.
• 미우라 마사지, 『무용의 현대』, 남정호 · 이세진 옮김, 늘봄, 2004, 23쪽.

빛 아래에서만 풍경은 그 번란한 겉모습을 벗고 알속을 직고(直告)한다는 사실은, 도시 속에서 도시를 배경으로 글을 쓰는(쓸 수밖에 없는) 모든 필자들이 우선적으로 감안해야 할 전제다. 기능주의적이거나 실증주의적, 혹은 이데올로기적 도시 담론이든 혹은 이에 저항하는 진보적 도시 담론•이든, 도시적 무의식을 생략한 도시현상학으로는 학문적 모더니즘의 문턱에도 닿을 수 없다.

반복해서 말하자면, "성곽은 도시를 폐쇄적으로 만들어 지켜내는 봉건사회의 단적인 흔적"•이며, 따라서 "현대성의 본성을 꼽아 도시성이라고 둘러말해도 옳을 만큼 도시는 현대의 상징"(딴스홀)이다. 그리고 근대의 문학은 부르주아로 대변되는 도시적 주체에 의해 체감된 변화의 템포와 리듬, 그리고 이에 응하는 불안과 새로운 전망에 대한 일상적인, "사적인"(이론) 반응의 한 양식이라고 할 수 있다.

이 도시성, 혹은 그 도시적 분화 속에서 그 분화의 코드로부터 배제되는, 혹은 그 코드들을 질러다니는, 혹은 "밭고랑을

• 조명래, "진보적 도시담론의 위기," 『공간과 사회』 9호, 1997, 231쪽.
• 김진송, 『서울에 딴스홀을 許하라: 현대성의 형성』, 현실문화연구, 1999, 248쪽. 이후 본문 속에서는 '딴스홀'로 약칭.

박차고 나가는(delirare/delirious)"(생각) 아웃사이더의 출현은 필연적이다. 그래서, 마찬가지로 "배제와 차별의 근대(排除と差別の近代)"라는 문제의식•도 필연적이다. 짐멜이나 그의 애독자 벤야민 등이 도시 속의 아웃사이더적 체험에 골몰한 것도 이런 여건에 대한 이론적 반응일 것이다. 따라서 벤야민의 표현을 빌리면, 산보자(promeneur)로부터 도시 산책자(flâneur)로의 전환은 불가피한 것이다. 가령 니콜 라피에르의 『다른 곳을 사유하자』(*Pensons Ailleurs*, 2004)를 살피면 20세기 초반의 구라파는 상처 입은 이주자, 망명자, 산책자, 유배자 지식인들로 득시글거린다. 일본의 식민 지배 아래 대륙과 이어져 있던 한반도의 20세기 초반도 그러했지만, 산업혁명과 근대 시민사회적 모더니즘을 겪어낸 구라파 제국의 경우는 더욱 이채로웠다. 그래서 이 책을 이끄는 실마리-이치는 "현대성을 가장 잘 표현한 이들은 이방인, 유배자, 망명자였"(다른곳)다는, 그리고 "망명은 고통스러운 상실의 경험인 동시에 현대 문화를 가장 풍성하게 만든 주요 요인이라는"(다른곳), 그래서 "그들 모두에게 번역은 정신적 삶에 있어서나 일상적 삶에 있어서나 본질적인 문제였"다는 판단이다. 즉, 도시라는 현대성의 분화 · 전문화는 필연적으로 소외와 배제를 몰고 오

• 今村仁司, 『近代性の 構造, 講談社』, 1997, 第五章.

지만, 거꾸로, 그 소외와 배제의 현상이야말로 그 도시적 현대성을 가장 극명하고 풍성하게 표상해주는 지표인 것이다.

그 도시적 삶의 소설적 공간은 카뮈나 사르트르가 개성 있는 보편성 속에서 형상화했듯이 우연성에 바탕한 것이다. 시적 본질주의가 은유라는 비우연성의 이치를 특정한 어휘나 아포리즘을 통해 고집한다면, 근현대의 도시 공간을 배경으로 삼는 소설은 근본적으로 환유적 · 비본질적이며 따라서 인간관계의 우연성이 그 터전이 된다. 『이방인』 속의 검사는 뫼르소에게 묻는다. "그렇다면 무기는 왜 가지고 있었으며, 바로 그곳으로 돌아간 이유는 무엇이오?" 이어지는 대사는 그저 이렇다: "그것은 우연이었다고, 나는 대답했다." 『구토』 속의 로캉탱도 이렇게 말한다: "이제 나는 알았다. 사물이란 순전히 보이는 그대로의 사물인 것이다. 그 '뒤에는… 아무것도 없다.'"

삶의 우연성은 인간의 분열과 병치된다. 자연의 질서와 이를 좇는 신분의 질서가 삶을 종횡으로 규제하던 시대에는 우연성은 적었고 분열은 (마치 '배신'과도 같은) 특정한 종류의 '사건'일 뿐이었다. 그러나 자연을 체계적으로 배제하거나 실내화한 도시, 그리고/그래서 분열이 외재하는 사건이 아니라 인간 존재에 내재하는 '조건'이 된 도시는 근대적 서사의 형식인 소설의 온상이 된다. 우연성과 분열은 그 태생이 도시적이다. 『오디세우스』의 여정이 원형적으로 보여주듯이, 자연적 · 일차적 만남 속에서도 우연성은 난반사하고 인간을 분열시키는 기로(岐路)는 쉼 없이 나타난다. 그러나 도시의 문화적(文化的) · 문화적(文禍的) 네트워크와 리좀 식으로 번성해가는 갖은 시뮬라크르로써 가능해진 갖은 우연성과 분열은 전원적 소박성에 작별을 고한다. 삶의 우연성과 인간의 내적 분열에 물든 소설적 공간은 이미 소박할 수 없다. 마크 스로닐은 전기물 『도스토예프스키』에서 이렇게 말한다: "그(도스토예프스키)는 소박한 감정을 몰랐다. 이후의 고백에 의하면, 그는 소위 '소박한 성질'을 두려워하고 이해할 수 없었다고 말했다."•

• 마크 스로닐, 『도스토예프스키: 인간의 심연』, 전광용 옮김, 신구문화사, 1976, 69쪽.

75

연애유희의 상호작용

상호작용의 측면에서 접근하는 짐멜의 사회학이 미시적 분석에서 강점을 보이는 것은 당연하다. 체계(System)와 상호작용(Interaktion)의 분별, 그리고 이 분별과 연계된 여러 이론적 편향은 잘 알려져 있으니, 굳이 이런 식으로 짐멜의 약점을 버르집을 필요는 없다. 사건사(l'histoire événementielle/episodic history)•를 비판하는 월러스틴과 그의 멘토 브로델(F. Braudel)의 말처럼 "사건들은 먼지다… 생겨나자마자 그것들은 어둠 속으로 망각 속으로 되돌아간다"•거나, '생산관계들

• 이매뉴얼 월러스틴, 『지식의 불확실성』, 유희석 옮김, 창비, 2007, 93쪽.

은 하나의 전체를 형성한다' 는 마르크스의 지론을 좇아 "사회생활의 하나하나의 사실들을 역사적 발전의 계기로서 총체성(Totalität) 속으로 통합시키는 연관 속에서야 비로소 사실들의 인식은 현실인식이 될 수 있다"• 던 루카치를 거쳐, "만약 역사가 진정 철저히 무작위적이고 비지속적이라면 어떻게 우리가 이상하리만치 지속적으로 나타나는 연속성을 설명할 수 있겠는가?"• 라면서 "(따라서) 결국 총체성에 대한 수많은 회의론은 자신들의 사회적 존재를 보다 넓은 정치적 틀 안에 설정해야 할 특별히 절박한 이유가 없는 지식인들에게 환영받을 것"(환상35)이고 "하나의 총체성의 형태를 파악하는 데에는 지루할 정도로 엄밀한 사유가 필요하(며) 이러한 사유를 할 필요가 없는 사람들이 모호성과 불확정성에 빠지게"(환상37) 될 것을 경고하는 테리 이글턴에 이르는 입장들은 상호작용과 사건보다 체계와 구조의 문제를 중시하는 전통의 맥을 잇는다. 그런가 하면 "일상은 모든 관심의 대상이 되었다… 잘 정리되기만

- 페르낭 브로델의 글. 다음 책에서 재인용. 김응종, 『페르낭 브로델: 지중해, 물질문명과 자본주의』, 살림, 2006, 105쪽.
- 게오르크 루카치, 『역사와 계급의식: 마르크스주의 변증법 연구』, 박정호 · 조만영 옮김, 거름, 1997, 74쪽.
- 테리 이글턴, 『포스트모더니즘의 환상』, 김준환 옮김, 실천문학사, 2000, 105쪽. 이후 본문에서는 '환상' 으로 약칭.

하면 그것은 그 고유의 순환(생산-소비-생산)과 함께 하나의 체계를 형성할 수도 있다"•는 식으로 접근 방식을 뒤집어놓을 수도 있다.

성(性)도 산업이 되었고 따라서 체계의 메커니즘을 따르긴 하지만, 연인들 사이의 상호작용의 심리학과 사회학은 그 자체로 인문(人紋)의 이치와 결을 밝히는 매우 흥미로운 주제인데, 짐멜의 분석은 그 특유의 재치와 섬세함으로 이후의 아카데미아의 분과 사회학이 전공불구화(專攻不具化)하기 이전의 풍성하고 여유 있는 서술을 보여준다. 사회적 경험에 대한 초기의 대가급 연구자들 중에서 가장 실증주의적이었던 뒤르켕•이 그의 『돈의 철학』(*Philosophie des Geldes*)을 '주관적인 스타일과 추상적인 용어들로 이루어진 조잡한 글'•이라고 비판했던 사실은 매우 시사적인데, 이처럼 짐멜의 사유는 평온하거나 안정되지 않았으며 "항상 이동하고, 반복되며, 언제까지고 미완성"(다른곳)이었던 것이다. 아무튼, 보다 일반적으로 말해서, 엥겔스의 범례에서처럼 성적 분업의 원초성에 대한 좌

- 앙리 르페브르, 『현대세계의 일상성』, 박정자 옮김, 기파랑, 2004, 152쪽.
- H. 스튜어트 휴즈, 『의식과 사회: 유럽의 사회사상 1890~1930』, 황문수 옮김, 홍성사, 1979, 265쪽.
- Émile Durkheim, "Compte rendu de Georg Simmel: Philosophie des Geldes," L' Anné sociologique, V, 1900~1901, p.145.

파들의 전통적인 지적이 시사하듯이, 성적 교섭의 유형화된 특색은 어쩌면 상호작용의 사회학이 반드시 거쳐야 할 기초적 분석 대상일 것이다.

짐멜의 논지를 통속적으로 풀이한다면 얼추 이렇게 될 것이다. '남자는 (진짜로) 속이지만 여자는 헷갈리게 할 뿐이다.' 남성이 (진정한) 거짓을 꾸밀 능력은, 남성은 근대적 분업에 의해 인성의 내면성이나 그 전체성에서 분리된 객관적 자율성 속에서 행동하는 분화된 존재라는 그의 설명에 따라 가능해진다. 그러나 여성은 근대적 분업 체계 속에서 뒤처진 채 정서의 노동에 치중하면서 여전히 주객이 통합된 내면성에 머문다는 것이다. 이 덕에 여성들은 주-객, 안-밖을 달리 치장할 수 없으며 따라서 진정한(?) 거짓에 이를 수 없다. 그들은 오직 거짓이 아닌 가면놀이, 혹은 연애유희에 능할 수 있을 뿐이라는 것이다.

단도직입적으로 말하자면, "구혼자를 퇴짜 놓으면서 동시에 항복할 수 있는 여성의 능력은 너무나 심오하고 완벽한 그녀의 존재의 표현"•이라는 것이다. 짐멜에 따르면 "거절과 양보는 오직 여성들만이 완벽하게 할 수 있는 일"(유희)이다. 여성들은 예/아니오, 항복/저항하는 양가성의 대가들이다. 조금 추상적으로 정리하자면, 남자는 객관적으로 자신을 정의할 만큼 강자이지만, 사회적 객관성을 배제당한 여자는 주관성을 탄력적으로 운용함으로써 자신을 보호해야 하는 약자다. 달리 말하자면, 사회 체계 속의 기능적 분화에 따라 주 · 객관이 분리될 수 있는 남자는 속일 수 있지만 겉으로 보아 일관적인 인상을 주는 데 비해, 주객관이 통합(미분화)된 여자는 겉으로 보아 비일관적이며 변덕이 심하지만 결코 진정으로 상대를 속일 수 없다는 것이다.

물론 이 같은 이분법적 판단은 자본주의적 분업의 단계별로 재조정되어야 할 것이다. 이를테면, 자본주의에 대한 엔간한 비평조차 결국 자본주의를 위한 구성적 반간(反間)으로 전락해 버린 시절 이후, 여자를 자본주의적 분업 체계에 물들지 않은 어떤 '바깥'으로 볼 수는 없다. 아도르노의 유명한 지적처럼, 오히려 작금의 여자는 남자의 음화(陰畫)일 뿐으로, 외부성이나 낭만주의적 총체성을 기약하는 존재가 되긴 너무 늦었다.

• 게오르크 짐멜, "연애 유희", 『게오르크 짐멜, 여성문화와 남성문화』, 가이 오크스 편, 김희 옮김, 이화여대출판부, 1993, 207쪽. 이후 본문에서는 '유희'로 약칭.

76

여성이라는 문학적 공간

짐멜은, "여성은 가장 정열적으로 자신을 헌신할 때조차 궁극적으로 해독 불가능하다고 남자들은 보편적으로 느낀다"(유희)고 말한다. 연정에 눈이 먼 남자들에게 타자로서의 여성은 "멀리서 온 이처럼 지평 밖에서, 내 앞에 불쑥 나타난다."• 바로 이런 어긋남의 이치를 좇아 통속적 문학 공간이 열린다. 문학적 공간이란, 적중(的中)한 곳이라고 생각한 바로 그곳으로부터 그 깊이를 알 수 없는 새로운 틈(들)이 열리는 공간을 말

• 모리스 블랑쇼, 다음 책에서 재인용. 미셸 콜로, 『현대시와 지평구조』, 정선아 옮김, 문학과지성사, 2003, 99쪽. 이후 본문에서는 '구조'로 옮김.

한다. 혹은 벤야민을 좇아, "노상강도처럼 무장한 채 불쑥 튀어나와 여유롭게 걷고 있는 자에게서 확신을 빼앗아버리는 인용문"•의 가능성과도 같다.

미셸 콜로는 이 문학적 공간을, 레비나스나 블랑쇼에 의지한 채 다음과 같이 말하기도 한다. "거기서 어떻게 상실이 생산으로, 부재가 충전으로, 심연이 무엇인가를 담은 텅 빈 상태로, 시 창작에 열려 있는 빈 지평으로 바뀌는가를 봐야 한다." (구조) 짐멜은 같은 글에서 이렇게도 말하고 있다. "그러나 남성이 볼 때는, 여성의 존재 양식은 성취되지 않은 약속이며 정신적으로 충분히 발전되지 않아 확인될 수 없는 희미한 가능성의 낭비로 보인다."(유희) '성취되지 않는 약속', '확인될 수 없는 가능성'이야말로 과학의 편견과 철학의 오연(傲然)이 영영 침투할 수 없는 문학적 운신의 본령이다.

• 발터 벤야민, 『일방통행로』, 조형준 옮김, 새물결, 2007, 153쪽.

77

오늘 와서 내일 머무는 자

표륜(漂淪)할 뿐 기착(寄着)할 수 없는 자, 오늘이 아닌 내일을 거주처로 삼아야 하는 자, 그 같은 '어긋남'을 자신의 존재 성분으로 품은 자, 바로 그가 이방인이다. 아직 오지 않은 내일을 마주 대하며 말하고 살아야 하는 자, 기성(旣成)에 안주하기보다 미완(未完)을 향해 손을 내미는 자, 바로 그가 이방인이다. 혹은 니체의 표현을 빌리면, 내일의 번개를 기다리며 오늘은 먹구름 속에서 살아야 하는 자, 바로 그가 이방인이다.

한편 짐멜이 "오늘 와서 내일 머무는 자"라고 규정한 이방인은 곧 글 쓰는 자를 가리키기도 한다. 그 글쓰기는 거처를 박탈당한 자의 거처(아도르노)이며, '의아한 세상을 향한 서사적 개입'(보부아르)이고, 순간순간 자신의 정체성을 재구성해내기 위한 '정신의 줄타기'(벤야민)이다. 글 쓰는 자는 '글로 만든 집' 속에서 그 글이 품은 초이성의 예감 가운데 시대보다 먼저 아픈 자다.

"마리보나 루소의 저서엔 동시대의 독자들이 해독할 수 없는 의미가 적어도 한 페이지 이상 담겨 있다"고 어디에선가 벤야민은 말했다. 마리보나 루소만이겠는가? 그것은 자신이 진지하게 쓰는 글을 완벽하게 이해할 수 없는 그 모든 천재들의 운명이니, 그들은 모두 오늘 와서 내일 머무는 이방인으로 남는다.

4장

인간적 진리의 가기한계를 극명하게 보여주는 현상이 곧 '환상'에 대한 집착이다. 환상은 단순한 공상이나 자폐적 나르시스가 아니다. 환상은, 인간의 세계를 구성하는 문화적 객관성의 일부조차 주관성의 집단적 소원에 근거한다는 소식이다. 그러므로 환상은 주관성으로 이루어진 객관성인 것이다. 그것은 이른바 '허공의 집'과 마찬가지다. 그러나 정작 놀라운 사실은, 허공 속에 세운 그 집 속에서 수많은 사람들이 유유히 잘 살아가고 있다는 것이다.

78

인간이라는 실수

“인간이란 실수를 저지르라고 창조된 종족이며, 진리를 받아들일 때조차도 온당한 이유에서 받아들이는 것이 아니다.”(J.E. 르낭, 『이스라엘 민족사』, 1887~93)

인간은, 인간의 진리가 부과한 자기한계 속에서 최선의 선택과 실천에 나설 뿐이다. 돌려 말하자면 바로 그 선택과 실천의 어긋남 속에서, 그 어긋남의 수행적 효과 속에서 인간의 진리는 곧 자기한계가 되는 것이다. 비코(Giambattista Vico)가 원형적으로 얘기해놓았듯이, “사물의 진리를 모르는 인간은 확실성에 의존하려”• 할 수밖에 없고, 대체로 그 확실성이라는 것은 어긋남과 실수의 정화(精華)에 불과하다.

• 잠바티스타 비코, 『새로운 학문』, 이원두 옮김, 동문선, 1998, 83쪽.

79

허공의 집

인간적 진리의 자기한계를 극명하게 보여주는 현상이 곧 '환상'에 대한 집착이다. 환상은 단순한 공상이나 자폐적 나르시스가 아니다. 환상은, 인간의 세계를 구성하는 문화적 객관성의 일부조차 주관성의 집단적 소원에 근거한다는 소식이다. 그러므로 환상은 주관성으로 이루어진 객관성인 것이다. 그것은 이른바 '허공의 집'과 마찬가지다. 그러나 정작 놀라운 사실은, 허공 속에 세운 그 집 속에서 수많은 사람들이 유유히 잘 살아가고 있다는 것이다.

예를 들어, 조선후기의 실학자들이 애용한 '실용'•이나 '실지'(實地)•를 시뮬라시옹과 비교하는 일은 참으로 덧없다. '실제보다 더 실재적'이라는 이율배반적 형용은 이미 우리의 피부에 내려앉았다. 포이어바흐가 "사물보다 형상을, 원본보다 복제를, 현실보다 표상을, 본질보다 가상을 선호"•하는 시대가 되었다고 말한 이후, 하이퍼미디어의 세계로 깊숙이 진입한 21세기의 문화는 "구텐베르크-은하계의 교양 전략들"•이 소진한 자리에서 완전히 변화된 카테고리를 매개로 생성되는 새로운 현실성에 기반한다. "즉 현실성의 개념은 기능의 개념으로 대체되었고, 형태 구성이 등급에 따른 분류와 인과성을 대체하며, 의미는 효과 속에서 소멸되고, 미세한 튜닝이라는 것이 변증법적 종합의 과제를 넘겨받는다."(은하계259)

- 가령, 홍대용의 임하경륜(林下經綸)에 나오는 아래의 글. "옛것을 말하기는 어렵지 않으나, 오늘에 통하기는 어렵다. 빈말은 귀한 것이 아니나, 실용에 알맞게 하는 것은 귀한 것이다(語古非難而通於今之爲難" 空言非貴而適於用之爲貴)." 홍대용, 『林下經綸 · 毉山問答』, 조일문 옮김, 건국대출판부, 1999, 40쪽.
- "실심(實心)과 실사(實事)로써 날로 실지(實地)를 밟는다는 것이 홍대용의 선비의 길이요, 또한 실학의 길이다." 김태준, 『홍대용』, 한길사, 1998, 335쪽.
- L. 포이어바흐, 『기독교의 본질』, 김쾌상 옮김, 까치, 1992, 61쪽.
- 노르베르트 볼츠, 『구텐베르크-은하계의 끝에서』, 윤종석 옮김, 문학과지성사, 2000, 259쪽. 이후 본문에서는 '은하계'로 약칭. 물론 '구텐베르크-은하계의 교양 전략'이 반드시 '문자적 계몽'이라는 인식론적 기획으로 환원되는 것은 아니다. 예를 들어 정조의 문체반정(1792)은 널리 알려져 있듯이 경학(經學)에 근거한 도문일치론(道文一致論)의 연장선에서 그 일차적 취의를 이해할 수 있긴 하지만, 일부에서는 '탕평책의 일환'(정옥자)이라거나 "벌열층(閥閱層)인 노론 일파를 견제함으로써 왕권을 강화하려는 정치적 의도를 내포한 것"(김혈조) 등으로 읽는 등, 문자적 계몽과 교양이 인간 사회의 계급계층적 갈등에 얽혀 번지는 다종다양한 효과장을 매우 전형적으로 보여준다. 김명호, 『열하일기 연구』, 창작과비평사, 1990, 263~264쪽.

현실은 점점 환상적이 되어가고, 환상은 고도의 기술적 접합에 힘입어 자신의 과실재성(hyperréalité)을 뻔뻔스레 내세운다. 손택(S. Sontag)의 말처럼, "이미지의 형태로 이해됐던 현실을 더 이상 믿을 수 없게 되자, 이제는 이미지와 환상 자체가 되어야만 이해되는 현실을 믿게 된 것이다."• 내가 어느 대찰(大刹)의 사하촌 식당가에서 보았던 어느 맨망스러운 풍경처럼, '전주식당' 이 '신전주식당' 으로, '옛 전주식당' 으로, 그리고 '원조 전주식당' 으로 옮아가면서 오히려 그 실지의 맛은 실종된다.

• 수전 손택, 『사진에 대하여』, 이재원 옮김, 시울, 2005, 219쪽.

80

'이어도' 살리기

"당신들은 당연히 섬을 찾아낼 수가 없었지요. 따라서 작전은 처음부터 실패할 수밖에 없었던 것 아닙니까. 더구나 그런 식의 실패로 해서 당신들은 이 섬사람들에게서마저 영영 우리 이어도를 빼앗아가버릴 뻔했단 말입니다. 그것을 천 기자가 다시 살려낸 것이지요. 천 기자의 죽음이 우리 이어도를 지켜낸 것입니다."(이청준, 『이어도』)

해군은 첨단의 장비를 동원해서 '이어도'라는 섬이 실재하지 않음을 증명한다. 부재를 증명한 셈이지만, (원리상, 그러니까 존재가 유예된 것이라는 점에서) '부재'란 대체 증명될 수 없는 게 아닌가? 더구나 (내가 '부재의 급진성'을 줄곧 논의해왔듯이) 부재가, (혹은 보다 정확히는) 공제(控除)의 효과로 인한 자연화의 와해가, 급진적 생산의 특이성의 원천으로 작동할 수 있다면, 부재를 증명한다는 게 또 하나의 자가당착이 아니고 그 무엇이겠는가?

천남석 기자는 그 부재의 신화적 생산성에 기댄 민중의 삶을, 그 민중의 하나로서 깊이 이해한다. 그리고 그는 그 부재일 수밖에 없는 환상을 자신의 부재(자살)로써 채운다. 이를테면, 그는 '이어도'라는 어긋남을 그 자신의 어긋냄(자살)으로써 풀었다. 존재가 귀한지 혹은 부재(그 존재를 공제한 효과)가 귀한지는, 삶이 귀한지 혹은 죽음이 귀한지는, 때론 얼른 깨달을 수 없는 법이다. 그것은, 오직 삶을 (그 삶의 어느 한 부분에 '비변증법적으로' 혹은 '물신적으로' 탐닉하는 대신) 그 전체로서 살아내는 경험을 바탕으로 삼고서야 서서히 다가드는 진실이다.

81

인생과 환상

인생의 어긋남, 혹은 인생이라는 어긋남에 대한 진실은, 우리가 평생 의지하고 살아온 환상들의 붕괴와 더불어 완성된다. 물론 그 환상들이 붕괴되지 않도록, 그래서 (베버의 말처럼) 관료주의로 뒷받침된 부르주아적 평화를 유지한 채 실재의 공격적인 응시에 직면하지 않고도 살아갈 수 있도록 제도화 · 구조화된 게 우리의 세속이긴 하다. 그래서 구조와 제도마저 부실할 경우에는 보호 기제로 작동하도록 변화한 증상, 곧 증환(sinthome)에 의지한 채 그 마지막 환상을 유지하기도 하는 것이다. 대체로 환상(들)은 주로 '사랑' 의 환상들이다. 이 경우의 사랑이란, 개인들 사이의 성애를 가리키는 게 아니라, 직설(直

說)해서 그 관계를 증명하지 못한 채—그 누구의 말처럼, 이젠 직설직체(直說直體)로써 맺을 수 있는 관계가 없는 세상이다—오직 어긋남이 남긴 공제(控除)의 효과 속에서 사후적으로 되새김되는 환상의 형식(들)을 가리킨다.

– 날 사랑한다는 말을 안 했어요(他從沒說過喜歡我)

– 굳이 할 필요가 없는 말도 있소(有此話不一定要說出來)

– 난 그말을 듣고 싶었는데 그는 말해주지 않았어요(我希望他說一句話吧了 但他不肯說)

나는 꼭 그와 혼인할 줄 알았는데, 그의 형과 결혼할 줄 누가 알았겠어요(他以爲我一定會嫁給他 誰知道我嫁給他哥哥)

『東邪西毒』(王家衛, 1994)

말할 것도 없이 가장 대표적인 인생의 환상은 종교이며, 그것은 이익집단(Gesellschaft)의 각박함을 벗어나려는 증여의 환상과 리비도적 결합에 의해 성립된다. 종교의 환상을 '영생'을 매개로 설명하는 이들이 많지만, 영생조차 결국은 다시 사랑의 환상을 매개로 성립되기 때문이다. 대체 그 '누가' 저승에 떨어진(질) 내 삶을 보장해줄 것인가? 물론, 그것은 다른 모든 불귀의 영혼들보다 나를 조금 '더 사랑' 해줄 그 어떤 '누구' 일 수밖에 없는 것.

장주(莊周)의 꿈 이야기가 아니라, 인생은 순간순간 환상을 가교로 삼아, 인간적인 너무나 인간적인 삶의 무늬를 이루어 간다. 인간 그 자체만을 확실히 보기 위해서 환상을 제거할 수는 없으니, 환상을 제거하는 순간, 인간이라는 경계(boundary)는 인간됨이라는 한계와 조건 속으로 더욱 종적 없이 사라질 뿐이다. 인생은 워낙 환상을 구성적으로 화합한 복합체에 다름 아니기 때문이다. 계몽의 차원에서 다룰 수 있는 파괴적 · 자기소멸적 환상이야 얼마든지 벗겨낼 수 있으면 그런대로 좋겠다. 그러나 수술은 돌이킬 수 없는 흉터를 남기고 늘 과장으로 흐르는 계몽은 그 역설(力說)의 역설(逆說)에 먹힌다. 충분하진 않지만, 소렐(Georges Sorel, 1847~1922)이 신화를 놓고 한 말은 환상 일반에도 고스란히 먹힌다.

"신화란 논박의 대상이 될 수 없는 것입니다. 그도 그럴 것이, 신화는 근본적으로 한 집단의 신념 체계와 같은 것이고 이 신념을 운동의 언어로 표현한 것이며, 따라서 역사적 묘사의 평면으로 옮겨질 수 있는 부분들로 해체될 수 없는 그 어떤 것이기 때문입니다."(조르주 소렐, 『폭력에 대한 성찰』(*Réflexions sur la violence*))

82

주체와 환상(1)

"폐하께서는 이 악명 높은 미신(기독교)을 근절시킴으로써 인류에게 영원한 봉사를 하실 수 있을 겁니다. 그러나 계몽을 받을 가치도 없을 뿐 아니라 노동의 멍에에 적합한 군중들을 두고 하는 말이 아닙니다. 제 말은 교양 있고 사유하기를 즐기는 이들에 대한 봉사를 가리킵니다."(볼테르, 「프리드리히 대제에게 보낸 편지」)

오래전, 유학 중의 일이다. 이웃에 살던 C가 종이쪽지 한 장을 들고 나를 찾아왔다. 채 학령기에도 이르지 못한 그의 아들이 산타클로스 할아버지에게 보내는 편지였다. 그 편지의 수신처는 '북극'(the North Pole)이라고 명기되어 있었다. C의 용건은 내가 산타 역할을 맡아 그의 아들에게 답신을 보내달라는 부탁이었다. 나는 흔쾌히 가짜(!) 편지를 썼고, 수일 후 답신을 받은 그의 아들이 매우 기뻐했다는 기별을 들을 수 있었다. 그러니까, 주체는 늘 시대의, 한 시절(時節)의 산물이다. 보편주의의 지평 속에서 발굴하거나 조형하려 했던 데카르트나 칸트적인 주체마저도 (레비나스의 지론처럼) '시간과 타자'를 뽑아낸 진공의 공간 속에서 이룬 풍경의 구조인 것이다. 그런데, (위에서 인용한 소렐의 말처럼) 니체도 비슷한 지적을 한 적이 있지만, 한 시대의 외연은 바로 그 시대가 품은 판타지에 의해서 완결된다. 가령, 서구의 중세와 근대 사이의 '근본적' 차이는 무엇보다도 각 시대가 허용하는 상상력의 울타리에서 비롯된다. 주체화 역시 그 울타리의 주변에서 명멸하는 사건적 산물이며, 그 울타리 너머를 엿보려는 갈망과 좌절, 그리고 어긋남의 산물이다.

83

환상, 공상, 망상, 상상

환상(fantasy)은 비현실 · 비생산의 대명사처럼 표상되지만, 그것은 지속적이며 그 지속적 안정성을 바탕으로 세속적 생산성을 근거짓는다. 한편 그것은 욕망과 상상을 규제한다는 점에서 메타-생산적이기도 하다. 망상(delusion)도 지속적인 점에서는 환상과 닮았다. 그러나 그 강도(强度)에서 둘은 현저한 차이를 나타낸다. 그 차이 때문에 환상의 주체는 집단적 정상성의 삶을 살지만 망상의 주체는 방외자적 특이성의 삶을 산다. 환상이 비생산적 생산성을 가능케 한다면 망상은 생산적 비생산성에 탐닉한다. 상상(imagination)도 지속적이긴 하지만 환상에 비하면 그 강도가 집중적인 반면 그 흐름은 간헐적이다. 공상(fancy)은 내가 비판해온 이른바 '생각'에 기생하거나 그 같은 생각들의 꼬투리로서, 실로 아무것도 아니다. 그것은 순간적이고 유희적이며 비생산적이고 자기중심적이다. 자기중심성의 시각에서 종합해보자면, 공상은 환상이라는 자기 무대화의 미니멀리즘일 것이다.

84

주체와 환상(2)

이청준의 중편 『이어도』는, 앞서 말했듯이 주체화의 울타리로서, 혹은 정신적 지평의 소실점으로 기능하는 환상에 대한 이야기다. 다만 여기에서의 주체는 일종의 '공동체인 것' 이라고 할 만하다. 그것은 무엇보다도 '제주도적인 것' 이기 때문이다. 이 코뮨적 주체는, 특히 제주도의 노동요가 은근하고 집요하게 증거하듯이, 공통 감각 속에서, 그리고 공동 체험 속에서, 그리고 공통의 한(恨) 속에서 서서히 응결된 것이다.

가령 무대를 잃은 배우는 다만 직업을 잃은 것이 아니다. 그 상실은, 환상이 현실 속에서 구체화하는 통로를 잃은 것이며,

이로써 배우는 그 '인간적인 너무나 인간적인' 가면을 빼앗김으로써 존재론적 위기에 내몰린다. 존재론적? 그렇다…. 차라리 가면의 연속성보다 더한 존재는 없기 때문이다. 그것이 환상적 존재(homo fantasticus)로서의 인간의 존재 방식일 테다. 환상으로 스스로를 보호하지 않(아도 되)는 존재는 인간이 아니라 이미 환상의 자기동일적 신(神)이거나 비환상의 자기동일적 동물이다.

스스로 그 환상을 떨쳐내려는 이들은 적다. 그리고 그 횡단, 혹은 절대적 환멸 속의 평정(平靜)의 길은 멀디멀다. 물론 여기에서도 치명적인 것은 그 비용이다. 실로 어긋나는 것은 늘 비용의 문제에 있기 때문이다. 진리를 풍경(간단히 '이데올로기적 주체가 대상(들)의 이미지 · 몽타주에 습관적으로 합체한 것' 으로서의 풍경) 속에서 피상적 · 항목적(item-wise)으로 점유한 이들은, 그 풍경을 호위하는 주류의 이데올로기적 코드들에 얹힌 채 그 맥락을, 그 전체 상을, 그 역사를, 그리고 그 노동과 비용을 잊게 되는데, 특히 진리를 비용에 결부시키지 않고 기껏 풍경 그 자체의 정합성과 관련시키는 게 최선일 뿐이다. 그러나 정신분석적 지식처럼, 그것이 "주체가 타자로부터 전도(顚倒)된 형식으로 그 자체의 메시지를 수신하는 약호화된 메시지"•라면, 그 진리는 최소한 "타자로부터 전도(顚倒)된 형식"으로 되돌아오는 그 과정을 거꾸로 되짚어가는 비용을 요구할 것이다. 환상의 스크린을 벗겨내고 자기 자신의 진실을 대면하는 자가 커츠의 비명('무서워라!')•을 내질러야 하는 그 비용까지는 아니라 하더라도.

해군은 '이어도'가 실재가 아닌 환상이라는 사실을 '과학적으로' 증명한다. 물론 그 증명은 사실을 대면하게 만든다. 그러나 대면(對面)조차도 어떤 종류의 선택이며, 그래서 해석학적 편향이자 그 해석의 주체가 의지하고 있는 신화•와 내적으로 관련을 맺기 마련이다. 의당 현실은 사실에 기초해서 논의되는 게 마땅하며, 프로이트의 유명한 말처럼 "과학이 우리에게 줄 수 없는 것을 다른 데서 얻을 수 있으리라고 생각하는 것은 환상"•이긴 하다. 그러나 현실이 사실에 기초한다는 말이 곧 현실이 사실로만 구성된다는 의미는 아니다. 그러므로

• 슬라보예 지젝, 『삐딱하게 보기』, 김소연 · 유재희 옮김, 시각과언어, 1995, 265쪽.
• 조셉 콘래드, 『암흑의 핵심』, 이상옥 옮김, 민음사, 1998, 167쪽.
• 이 같은 이치의 선구는 니체의 글들 속에서 원형적으로 발견되는데, 여기에서는 니체의 것보다 인류학적 사실주의로 기운 질베르 뒤랑을 잠시 인용한다. "인간의 의식을 '탈신화화'하는 것이야말로 인간 의식을 가장 신비화하는 것이며 근본적으로 이율배반적인 것으로 보인다. 인간 개개인을 완벽히 결정적인 사물, 단순한 사물, 달리 말해 상상할 수 없으며 희망으로부터 소외된 존재로 환원시키는 것은 대단한 상상력의 소산인 듯이 보이기 때문이다. 신화와 마찬가지로 시(詩)는 제거될 수 없다. 가장 소박한 언어 표현 속에도, 아주 편협한 기호를 아주 편협하게 이해하는 경우에도 언제나 객관적인 본의를 둘러싸고 있는 표현의 아우라가 동반되기 마련이다." 질베르 뒤랑, 『상상계의 인류학적 구조들』, 진형준 옮김, 문학동네, 2007, 663쪽.

프로이트가 인용한 취지와는 달리, "우리는 천국을 천사와 참새들에게(만) 맡길 수(Den Himmel überlassen wir/ Den Engeln und den Spatzen)"(하이네)(불만) 있는 것은 아니다.

마찬가지로 제주도 어민들의 현실은 이어도의 부재라는 그 사실에 기초한 게 아니다. 해군은 어민들에게 사실이라는 현실을 되돌려주었다고 하지만, 어민들은 해군들에 의해 환상이라는 현실을 빼앗긴다. 계몽주의자나 일차적 경험주의자와 다른 칸트가 '선험적(초월론적) 가상의 문제'(Das Problem des transzendentalen Scheins)를 통해 우리에게 알려준 대로, 여러 종류의 가상(假象, Schein)을 제대로 응대할 수 있는 것은 결코 실증주의자들의 딱딱한 정신이 아니다. 물론 그 빼앗긴 '환상-현실'을 되찾아주었던 것은 천남석 기자다. 예수가 자신의 삶과 죽음으로써 제국의 그늘 아래 웅크린 채 살아가는 인민들에게 '하나님의 나라'의 환상을 돌려주었다면, 천남석 기자는 곧 환상을 되돌려준 예수의 역할을 대신한 셈이고, 그로써 그는 희생양-신(神)이 되는 과정을 본뜬다. 사실, 그의 시신이 뭍으로 되돌아오는 마지막 장면은 차마 '부활'의 이미지

• 지그문트 프로이트, 「환상의 미래」, 『문명 속의 불만』(프로이트 전집), 김석희 옮김, 문학동네, 2003, 230쪽. 이후 본문에서는 '불만'으로 약칭.

조차 흘린다.

“그러던 어느 날 아침이었다. 밤사이 바닷가에 불가사의한 일이 한 가지 일어나 있었다. 이어도로 갔다던 천남석이 동지나해에서 그 밤 파도에 밀려 홀연히 다시 섬으로 돌아와 있었던 것이다. 기이한 일이었다. 한데 더욱더 신기하고 불가사의한 조화는 그 여러 날 동안의 표류에도 불구하고 천남석의 육신은 그 먼 바닷길을 눈에 띄는 상처 하나 없이 고스란히 다시 섬을 찾아온 것이었다. 그리고 아직 무엇을 기다리고 있는 사람처럼 아침 해가 돋아올 때까지도 그 심술궂은 썰물 물 끝에 얹혀 용케도 다시 섬을 떠나가지 않고 있는 것이었다.”(이청준, 『이어도』)

그는 해군이라는 실증주의적 괴물, 그러나 스스로가 하는 짓을 결코 알지 못하는 그 괴물이 빼앗아간 이어도의 환상을 자신의 죽음으로써 되돌려준다. 제주도의 어민들이 풍랑 속의 주체로서 살아가기 위한 무대로서의 ‘이어도-환상’은, 예수의 핍박받는 이웃들이 호출해야만 했던 ‘하나님 나라’의 환상과 별반 다르지 않다.

85

주체와 환상(3)

“사람들은 자신이 확신하지 못하는 것들만을 위해서 순교자가 된다.”(J.E. 르낭)

환상은 자신의 현실이 너무나 현실적이라고 느끼는 이들이 그 자신의 무대를 만드는 노릇이다. 어쨌든, 인생은 다양한 심급(審級)으로 엮인 연극이기 때문이다. 그래서 그것은 시각의 어떤 집단적 체험과 관련된다. 그 유명한 ‘호명’(Interpellation)도 주체에게 이데올로기적 주체화를 위한 환상적 무대를 제공하는 셈이다. 그런데, 이 환상을 그저 즐기거나 놀(리)지(play) 못하고 자신의 몸속으로 내재화시켜 살아-버리는 ‘바보’들이 있다. 마치 '안녕하세요?' 라는 점원의 인사말에 대고, 안녕하지 못한 개인의 사정을 낱낱이 밝혀나가는 어느 손님의 경우처럼, 환상-게임의 맥락을 놓쳐버린 채 그것을 최종심급의 자기 현실로 착각하는 경우, 이를테면 '순교'(와 같은 현상)가 발생한다.

호명을 통한 주체화의 과정에서 순교는 극적인 결절점을 이룬다. 마치 쾌락이 그 근거인 무지 자체를 무화시키듯이, 순교는 주체화의 수행을 통해 모르는 것('확신하지 못하는 것')을 최종의 지식으로 등록하는 동시에 임의로 무화시키는 기이한 행위이기 때문이다. 그것은 환상이라는 근본적 어긋남·틈을 치명적 투신으로 봉쇄하는 셈이다. "자신이 확신하지 못하는 것들만을 위해서 순교자가 된다"는 말처럼, 순교는 지식의 차원을 넘어서는, 혹은 그 균열을 미봉하는 수행적 가치의 주체화인 것이다. 이처럼 믿음이 균열되지 못하도록 미연에 자신을 없애버리는 행위는 물론 완벽한 삶을 상상하는 최후의 치명성이다. 지식이 되지 못한 채 강렬한 유혹으로 휑하니 미래로 열린 그 구멍은, 오히려 순교라는 치명적 자기완결의 수행성을 기꺼이 불러들인다. 환상은, 삶이라는 무대를 낯설게 만들지 못하는, 진지한-너무나-진지한 이들에게 종종 치명적인 결과를 안겨준다.

86

희생양과 신(神)

천남석 기자는 일종의 희생양이다. 그는 단지 이어도를 훔쳐본 자•가 아니라 그 환상적 현실을 구원한 자다. 그의 자살로써 환상을 구제하고, 복원된 그 환상을 중심으로 공동체는 현실을 통합한다. 해안으로 떠밀려온 그의 시신에 대한 기이한 묘사를 염두에 두면, 그는 이미 신(神)으로 예정된 존재인 것처럼 보인다. 이어도를 포기할 수 없었던 그 환상의 힘은, 희생양과 신(神) 사이에서 요동치면서 천남석을 부활시킨다.

• "이어도를 본 사람은 반드시 미친다는 제주도의 속설처럼, 김영갑은 지금 이어도를 훔쳐본 대가를 혹독하게 치르고 있다." 안성수, 「이어도를 훔쳐본 작가」, 다음 책의 해설문. 김영갑, 『그 섬에 내가 있었네』, humans & books, 2010, 252쪽.

87

환상 혹은 무대적 존재

하버마스는 자신의 대표작『의사소통 행위이론』에서 사회과학의 내부에서 사용되는 네 가지 상이한 행위 개념을 소개 · 설명한다. 목적론적 행위, 규범에 의해 규제되는 행위, 극적(劇的) 행위, 그리고 의사소통적 행위가 그것이다. 다 아는 대로 그의 관심은 의사소통적 행위에 모아지지만, 여기에서의 내 관심은 극적 행위다.

"극적 행위의 관점에서 우리는 사회적 상호작용을 참여자들이 서로에 대해 가시적 관객이 되고 서로에게 어떤 것을 연출하는 만남으로 이해한다. '만남'과 '연출'이 핵심 개념이다…. 연출은 행위자가 관객들 앞에서 특정한 방식으로 자신을 내보이는 것이다. 자신의 주관성의 어떤 측면을 드러내 보임으로써 그는 관객에게 특정한 방식으로 보이고 받아들여지기를 바라는 것이다."(같은 책)

하버마스가 분류한 네 가지 행위 중에서 특별히 '바람'의 맥락에서 조형된 것은 극적 행위뿐이다. 쉽게 짐작할 수 있듯이 바로 여기에서 환상이 개화한다. 라캉도 그리고 그를 이어 알튀세르도, 환상을 설명하는 중에 그 환상의 주체가 무대의 주인공처럼 특정한 소망이 충족되는 방식을 재현하려고 한다는 점을 지적한 바 있다. 요컨대, 환상적 주체는 '주인공'이라는 욕망의 대상을 향한 바람(소망)의 주체인 셈이다. 물론 이것은 '욕망은 타자의 욕망'(Le désir est désir de l'autre)이라는 보다 일반적인 명제의 하부 단위일 뿐이다.

왜 인간은 무대적 존재가 되었을까? 하버마스의 표현대로, 왜 우리들은 "서로에게 어떤 것을 연출하는 만남"의 형식으로 상호작용을 하게 되었을까? '불행한 의식'(unglückliche Bewußtsein)을 거칠 수밖에 없는 인간 현상의 당연한 결말에 불과한 것일까? 이 논의에 좀더 적확한 형식으로 문제를 고치면, 왜 인간은 의식의 벽 이쪽저쪽으로 나뉜 채 자기가 자기에게 연출할 수밖에 없는 형식으로 상호작용의 기본 형식을 갖추게 되었을까? 물론 그것은 주로 환상 탓이다. 인간의 경우 의식이 곧 자의식이고 성찰이 곧 자기성찰이며, 성애조차 "메타-성적인 어떤 것의 육체적 표현"(the physical expression of something meta-sexual)• 이듯이, 불가능할 수밖에 없는 자신의 욕망을 특수하고 조금은 기이한 방식으로 재구성하는 일은 곧 인간적이며 환상적이고, 이는 무대적 상호작용의 형식에 근접하게 된다. 지젝의 해석처럼 그것은 "우리들 각자가 상상적 시나리오를 수단으로 하여 일관성이 없는 타자인 상징적 질서의 근본적인 궁지를 해소시키고(시키거나) 은폐하는 방식"• 이기 때문이다. 그래서, 사랑이나 종교라는 가장 오래된 환상들도 결국 그(녀)라는, 그리고 신(神)이라는 "일관성이 없는 타자인 상징적 질서의 근본적인 궁지"를 내 욕망을 조절하고 유지하는 형식에 얹어놓고 있는 것이다.

• Victor E. Frankl, *The Unheard Cry for Meaning: Psychotherapy and Humanism*, New York: Washington Square Press, 1978, p.90.
• 슬라보예 지젝, 『삐딱하게 보기』, 이수연 옮김, 시각과언어, 1991, 328쪽.

87-1

'공주'

'공주' 가 있(었)다. 그녀는 수년째 내 홈페이지를 들락거린 사람으로, 얼마간이라도 내 홈페이지를 지켜본 독자라면 누구나 알 만한 이다. 그 전에는 내게 수백 통의 종이편지를 부치기도 했지만, 인터넷 홈페이지가 생긴 이후로 공주는 편지를 중단하고 수백 명의 독자들이 몰리는 그곳에 글을 올리기 시작했다. 그것은 단순한 구애, 즉, 자신의 '의도 속에 포획되지 않는 상징적 질서의 궁지로서의 타자' 를 인정한 채 일정하게 긴장의 지향성을 그리는 일반적인 의미의 구애가 아니었다. 역시 수백 건에 이르는 그 글들의 특징은, 구애를, 구애가 끝난 상황을 전제하는 환상적 태도와 동일시한다는 데 있었다.

그 글들의 내용을 미루어보면, 내가 그녀를 '깊이' 사랑하고 있지만 바로 그 '깊이' 탓에, 혹은, 그녀만이 짐작하는 그 어떤 사적인 사정상 그 사랑은 좀처럼 바깥으로 드러나지 않는(못한)다. 예이츠가 어느 글에서 지적한 것처럼, 그 확신은 굳어서 거의 하얗게 질식하고 이윽고 백치(白痴)에 이른다. 백치에 도달한 이 확신은 그녀의 필명이 공주라는 사실과 흥미롭게 조응한다. 이 조응의 사실은 앞서 말한 '무대적 존재'로부터 연역될 수도 있는데, 타인(들)의 욕망을 '무대적 존재'로서의 공주의 히스테리나 혼자만 읽을 수 있는 종이편지로부터 적지 않은 독자 관객들의 시선 아래 놓이게 되는 홈페이지로 옮겨가면서 한층 강화되었다. "극적(劇的) 행위의 개념이 비로소 주관세계라는 또 하나의 전제를 요청한다. 주관세계는 극적 행위를 하는 행위자가 자기 자신을 무대에 올리면서 관계하는 세계다."•

고백적, 시적(詩的), 연극적 언사들로 이루어진 환상적 서사는 수년간 계속되었는데, 공주는 줄곧 나를 호명해서 사적 대화 속으로 기입했고, 많은 독자들의 시선은 그 환상적 연애관계의 배경(관객)으로 동원되었으며, 또 일부는 사실상 그처럼

• 위르겐 하버마스, 『의사소통 행위이론(1)』, 장춘익 옮김, 나남, 2006, 161쪽.

기능했다. 공주는 원했던 가공(架空)의 '무대'를 얻었고,• 그 허공 속에 걸린 무대 위에서 스스로 주인공이 되어 전술한 대로 "특정한 소망이 충족되는 방식을 극적으로 재현"하고 있었다. 어쩌면 공주는 단 한 번도 삶의 '주인공'(heroine)이 되어보지 못한 존재, 그리고 '사랑'의 실질적인 원인이자 그 주체가 되지 못한 존재, 그리고 단 한 번도 '공주'가 되어보지 못한 존재일 테고, 그 소외된 현실을 임의의 무대 위에서 상상적으로 개작하며 보상받고 있을 터였다.

공주가 사이버상으로 만든 그 무대는 물론 '사랑의 무대'다. 환상적 인간(homo phantasia)은 그 무엇보다도 무대적 존재이며, 그 무대 위에서 사랑을 받고 있다는 환상은 주체의 결핍, 혹은 주체라는 그 결핍(혹은 '자기-소격self-distantiation')과 더불어 살아가기 위한 인생의 구성적 조건이다.

• 이 '무대'라는 허구의 자리에 대한 집착은, 공주의 직업이 개신교 부교역자(전도사)였다는 사실, 재직하던 교회 측에서 그녀의 행태를 문제 삼아 목사직 안수를 거부했을 때에 공주가 그 무대(목사직)를 쟁취하기 위해 보인 다소 비상식적이며 격정적인 태도, 그리고 (기이하게도) 뜬금없이 그 싸움에 나를 연루시키려고 떼를 쓴 사실 등에 의해 강화되었다. '알 수 없는 것에 대해 말한다'는 뜻에서, 실상 설교단만큼 완벽한 환상의 무대는 없는 것이다.

87-2

'그 여자'의 경우

"라캉은 환자가 치료를 원하지 않는 것이 당연한 일이라고 생각했다. 만약 환자에게 증상이 나타나고 그가 그 증상에 빠져 있다면, 이는 그 증상 속에 많은 양의 에너지가 축적되어 있기 때문이다. 환자는 현재의 증상을 그대로 유지하기 위해 많은 양의 에너지를 투자한다. 그는 증상을 통해 일종의 '대리만족'(프로이트)을 얻으며, 따라서 그것을 쉽게 포기할 수 없을 것이다. 하지만 궁극적으로 환자들은 증상을 포기하길 원치 않는다. 이것이 바로 증상의 본질적인 특징이다. 증상은 어떤 식으로든 환자에게 만족감을 준다."(브루스 핑크, 『라캉과 정신의학』)

'그 여자'는, 그 연배의 사람들에겐 드문 일이 아니었긴 하지만 유달리 부모의 사랑을 받지 못했다. 아버지는 시골의 무지렁이로 무능했고, 어머니는 폭군으로 매사에 폭언과 매질이었다. 성년이 된 그 여자는 전쟁 중의 화급한 상황에 떠밀려 혼인을 했지만, 빨치산이었던 그 남편은 하룻밤 속정을 남기고 입산해버렸는데, 대전형무소에 수감된 중에 처형당했다는 후문이다. 부친의 무능과 모친의 폭력을 피해 도시로 나온 그 여자는 우연찮게 한 남자와 만나게 된다. 그 남자는 4년제 대학을 졸업한 엘리트로 훤칠하고 잘생긴 부잣집 맏이인 데다 현직 교사였는데, '계급'이 다르고 이미 전쟁미망인이었던 그 여자는 하지만 워낙 뛰어난 미인이었다. 사랑에 휘둘리고 사랑에 굶주린 그 여자는 그 남자와 동거한 지 얼마 되지도 않아 임신을 했지만 그 남자는 중병이 든 아내와 아들을 시골의 고향에 숨겨놓고 있었다. (…) 그러나 그 여자는 그 남자와 재혼한 지 불과 수년 만에 이런저런 사정을 겪으며 파경을 맞았고, 그 사이 낳은 남매를 데리고 그 남자의 곁을 떠나 여생을 홀로 살게 된다.

이후 그 여자의 삶을 지배한 것은 종교(개신교)로, 일견 사랑이라는 환상으로부터 종교라는 환상으로 옮겨간 듯 보였다.

종교적 욕망의 구조 역시 사랑의 그것과 그리 다르지 않아, 이혼의 위자료로 받은 얼마간의 돈도 그녀를 (프로이트의 교육학적 권면이나 보부아르의 여성주의적 권면처럼) '세상 속으로 초월' 하게 할 수는 없었고, 다만 그 여자는 자기 자신을 종교라는 새로운 환상의 무대 속으로 옮긴 뒤에 그 욕망의 상대를 부모나 남편 대신 신(神)으로 교체했을 뿐이었다. 폭력적이거나 무능한 부모와 변덕스러운 남편 대신에 '전지전능한 사랑의 신' 이라면? 더구나 주로 사회적 약자로서의 여자들에게 은혜와 기적을 베푼 남성적 표상의 신이라면? 당연히 그 여자에게 종교는 부재했던 사랑에 대한 보상의 환상이 집결하는 장소였고, 특정한 장소에 집착하는 사회적 약자의 본능처럼 그녀는 그 장소에 '집착' 한다.

그 여자는 그 자신이 부모들로부터 배운 대로—즉, 부친의 무능과 모친의 폭력을 대물림하여—두 남매를 키울 수밖에 없었다. 그러나 자식들은 변화한 세대의 계몽주의에 얹혀 그 무능과 폭력의 대물림을 끊고 자신들의 생존과 생활을 키우며 그 여자의 품을 넘어 아득하게 달아나버렸다. 그래서 그 여자에게 남은 것은 신, 오직 감각에 부재함으로써만 더욱더 자기 자신만을 위해 실존하는 그 사랑의 신뿐이었다. 삼종지도(三從之道)의 억압적 보호 장치는 아득히 잊히고 내팽개쳐진 채 부모와 남편과 자식의 존재가 사랑의 현실이 되지 못한 그 도시의 빈자리에 찾아온/불러온 신이라는 그 부재의 현실이 사랑의 역설적 보상으로 기능하는 것이다. 그 모든 '존재'가 그 여자에게 등을 돌릴 때에 그 '부재'의 환상은 존재의 현실을 숨기며 대체한다.

종교라는 환상의 형식을 차용한 그 여자의 사랑은 당연히 어떤 '증상'일 수밖에 없었다. 그리고 정신분석의 낡은 진단처럼 그 여자는 그 증상을 결코 포기하려고 하지 않았는데, 어쩌면 그 증상이야말로 그 여자에게 남은 ('무無'가 아닌) 마지막 '존재'이기 때문이다. 이 글을 쓰는 자는 물론 이 불행한 여자의 불행한 아들이다. 그 아들은, 그리고 그 아들의 여동생은, 현실의 존재들과 어긋나며 상처받은 이 여자가 부재의 환상 속으로 퇴각하며 그 물화된 환상들에 집착하는 행태와 쉼없이 불화하면서 청춘과 중년을 소모하였는데, 어리석게도/불가피하게도, 이들은 그 여자와의 새로운 화해의 수단으로 세속적 계몽주의를 동원하였지만, 말할 것도 없이 그 시도는 어쭙잖은 실패로 끝나곤 했다. 계몽이 환상을 불식시킬 수 있다는 믿음은, '상처받기 쉬운 자아'(moi vulnérable)인 사회적 약자가 사이존재(Zwischenwesen)로서 생존할 수 있는 존재의 여백을 놓치는 것이다.

사랑의 환상을 주는 증상, 찢겨진 삶을 가상적으로 미봉하는 증상, 그리고 상처받은 자의 마지막 도피처로서의 증상으로부터 그 여자가 스스로 빠져나올 수 있을까? '체계적으로 계몽을 거부하는 방식' 인 환상의 체질화를 스스로 변화시키려는 '좋은 몸의 가로지르기' 를 선택하는 것이 대체 가능하기라도 한 것일까? 의미가 '원근법적' (니체)이며 '상상적' (라캉)이라면, 현실의 변두리에서 고집만으로 몸을 웅크린 채 다만, 상상 속에서 의미를 찾은(는) 어느 불행한 여자의 삶의 구원은 영영 그 자식들의 지식으로부터는 나오지 않는다는 것.

88

소망의 체계

환상이 집요한 탓으로 현실은 그 나름의 일관성을 얻는다. 신화에서 이데올로기까지, 작은 꿈-삽화의 의미에서부터 구원의 서사에 이르기까지 의미의 일관되고 체계적인 증폭으로 인해 우리의 세계는 통합된다. 이처럼, 환상은 세속의 근본적 조건이자 한계인 그 '어긋남'을 사뭇 선험적으로 봉쇄하는 듯이 보인다. 마치 금기(禁忌)라는 노(no)의 사건이 체계라는 예스(yes)의 세계를 근본적으로 배각할 수 없는 것•과 마찬가지로, 혹은 이유 없는 재난이 신정론(神正論)의 체계를 훼손시킬

• 조르주 바타유, 『에로티즘』, 조한경 옮김, 민음사, 1989, 38쪽.

수 없다는 흄(D. Hume)의 오래된 지적처럼, 일상이라는 갖은 어긋남은 그 일상을 봉합 · 통합시키는 환상을 깨뜨리지 못한다. 포퍼(K. Popper)의 말을 빌리면 그것은 영영 반증 불가능한데, 주체는 언제나 바로 그 반증할 대상의 사태 속에 수행적으로 개입하고 있으며, 그 '개입'의 지점에서 '관찰'하고 있다고 믿기 때문이다. 프로이트가 시사한 것처럼 환상은 검증에 의해 해체될 수 있는 게 아니다. 그래서 파스칼은 이 위기를 기회로 삼아 확률론적 접근을 할 수밖에 없었던 것이다. 때로 반증 불가능성은 최적의 자기보호 장치다. 환상은 삶의 우연성(Zufälligkeit), 그 같은 어긋남(はずれ), 그 같은 빗맞음(脫靶)의 현실에 의해서 반증되지 않으며, 마치 잠시 환기(換氣)하면서 밤하늘의 별 하나를 올려다보곤 다시 들어오는 노름꾼처럼 차라리 그 체계는 더 공고해진다.

환상은 삶의 클리나멘(clinamen)을 임의로 축출하거나 선분화하고, 욕망의 스펙트럼 속에서 그 삶에 일관된 의미를 부여한다. 상식적으로 보더라도, 소망은 체계를 이룰 수 없어야만 온전히 소망이다. 그러나 환상은 소망이 체계를 이룬 것으로서, 실지(實地)를 놓친 인간들에게 즐겨, 꾸준히 거처를 제공한다.

89

환상, 치명적인(1)

진실과는 또 다른 의미에서 환상도 종종 치명적이다. 역사의 환상적 무대 위에서 주인공인 영도자(Führer) 역을 자임한 아돌프 히틀러의 경우에는 환상의 안팎에 대한 구별 자체가 별무소용이다. "내 환상은 망상적 성격을 갖지 않는다"•는 식의 구별은 여기에선 통하지 않는다. 그의 것처럼 어떤 삶들은 환상 그 자체, 치명적 환상의 환상적 물질화 그 자체이므로, 마치 유대교와 다른 개신교의 논리처럼, 그것은 의도가 곧 실천이며 성격이 곧 존재다.

• 프로이트, 「환상의 미래」, 『문명 속의 불만』, 김석희 옮김, 열린책들, 2003, 225쪽.

90

'환상의 무대' 위에서, '사랑의 몸'을

"되풀이해 말하지만 남자의 성욕은 환상에 토대를 두고 있다. 남자에게 여자는 많은 환상이 얽혀 있는 특별한 상품이다. 그러니까 남자는 여자 성기 그 자체에 흥분하는 것이 아니다. 남자들은 여자 성기에다 지복의 세계로 들어가는 입구라든가 비밀의 화원이라든가, 혹은 금단의 성소라든가 아니면 생명의 샘이라든가 하는 식의 환상을 갖다 붙여 그 환상에 흥분하는 것이다."(기시다 슈, 『성은 환상이다』)

다양한 형태의 폭력적 반응으로 치닫곤 하는 남성들의 여성혐오증은 이 환상과 깊이 연루된다. 욕망의 숭고한 대상(Das

Ding), 혹은 대상 소문자 a(objet petit a)라는 외상적 중핵의 빈 곳을 너무 가까이에서 보는 것은 욕망이 폭력으로 전화(轉化)하는 가장 일반적인 형식이다. 이른바 주이상스(jouissance)는 쾌락과 고통의 경계(境界)이기도 하지만, 고통과 죽음을 쾌락의 한계(限界)로 내재화한 곳이기도 하기 때문이다. 물론 그것은 이 환상이 책임질 부분이 아니다. 그러나 환상은 자신의 무게만으로도 "이미 자신 속에 숨어 있었던, 애초의 표면적인 지식에 낯선 정반대의 측면"•을 노골적이며 치명적으로 드러내는 법이다. 죽음과 성애의 관련성에 대한 바타유의 범람하는 생각들처럼, 사랑하는 사람은 늘 자신의 지식을 알 수 없는 법이며, 바로 이 무지의 힘으로 사랑은 그처럼 즐겁고 완강하다.

프랭클(V. Frankl)이 인간의 성애를 오직 메타-에로티시즘(meta-eroticism)의 관점에서만 이해할 수 있다고 했듯이 남자의 성욕에 포집되는 여자의 몸은 이미 반쯤은 환상이며, 그 나머지 반은 정신을 몰아내는 물(物)이다. 이 환상은, 여성의 성기가 남성을 지배하는 힘(the hold that little tooter has on a

• Hegel, *Phänomenologie des Geistes*, J. Hoffmeister(ed.), Hamburg, Felix Meiner Verlag, 1952, #469.

man's life is unbreakable•)을 유지 · 중화시키고 또 상징계와 무리 없이 접속하게 만든다. 물론 이것은 동물의 교미(꼬리!)일 수밖에 없었던 '그것', 세련된 문화세계에 안착시키기에는 아무래도 외상적 앙금과 잉여를 남길 수밖에 없었던 그것을 사랑이라는 이름의 제도화된 환상을 매개로 인간세계와 접속시켰던 역사와 동일한 반복이다. 그렇게, 인간들의 연애는, 교미가 연애로 변화한 그 사회문화적 조건을 좇아 환상을 뒤발하며 진화하는데, 근본적으로 그것은 '무대화'이며, 또한 '사랑의 몸'을 만들어가는 거세(去勢)의 과정이다. 그러니까, 한쪽이 자신이 간직한 환상의 무대 위에서 그 역할에 응할 때, 다른 쪽은 상대의 몸을 '사랑의 몸'으로서 수용한다.

• 월터 힐(Walter Hill)의 영화 「브로컨 트레일」(broken trail, 2006)에서 주인공 역인 듀발(Robert Duvall)의 대사 중 일부.

91

환상, 치명적인(2)

앞서도 말했지만, 환상은 삶의 어긋남을 선험적으로 봉쇄 · 봉합하는 구조를 이룬다. 그런 뜻에서, 환상은 종교나 신화, 이데올로기나 훈화(訓話)의 저변에 공히 복류하는 형식이다. 권위의 실체가 권위의 효과와 구분할 수 없는 방식을 통해서만 자신의 아우라를 유지하듯이, 환상도, 어떤 다른 형식의 일관된 수행('어긋냄의 일관성'으로서의 윤리)의 생활양식을 통해 깨트릴 수 있을 때까지 자연의 일부처럼 흐르면서 우리의 몸과 상호작용을 지배한다. 환상의 치명성은, 근본적으로 인생이 짧다는 데—그러니까 '헤겔 식의 노인'에게는 환상이 없다—있으며, 그것은 마치 임사(臨死) 체험자가 본다는 그 파노

라마의 풍경 앞에서처럼 그 짧은 인생의 비용을 서둘러 지불하려는 최후의 강박 속에서만 자신의 진실을 흘깃 훔쳐다 볼 수 있기 때문이다.

그 어긋남의 틈을 통해 흘러든 빗물이 목덜미를 치고 서늘하게 올라오기 전에는 실감할 수 없는 구조, 암(癌)처럼 자신의 내부에 (다른) 살을 불리는 선물(?)의 '과잉'으로 영토화하는 치명적인 구조, 자기방어에 골몰하다가 자기 자신을 희생해야만 하는 구조, 바로 그것이 환상의 치명적인 구조다. 세속 속의 틈과 어긋남은 그 기미(機微)와 징조의 뜻을 빼앗긴 채, 그런 식으로, 체계적으로, 환상적으로 봉쇄당한다.

92

추월 혹은 횡단

우리는 세속적 욕망을 규제하고 (재)구성하는 환상의 체계와의 치밀하고 지속적인 투쟁을 통해서 성숙에, 즉 자기인식에 이른다. 자기인식이라는 깨침은, 이미/늘 나도 개입하고 있(었)다는 그 수행적 진실에 대한 인지 불능을 깨는, 그래서 몸을 끄-을-고 외출하기일 수밖에 없는 '자기의 타자화' 인 것이다.

자기인식은 환상의 체계가 재생산하는 사적 쾌락의 계선을 끊고, 그 쾌락의 기원에 얹힌 육체의 한계와 그 권태의 뿌리를 직시하게 한다. 그것은 하나(1)만으로써 타자(3)에 이르려는 추월(追越)의 기획이며, 하나에서 너(2)에 속박당하지 않은 채 3으로 횡단하려는 성숙의 모험이다. 그러나 그 대가는 자신의 진면목을 응시하며 견뎌야 하는 고통이다. 간디가 즐겨 인용하곤 했던 우파니샤드의 구절처럼, '진리의 얼굴은 마야(maya)의 황금색 베일 뒤에 숨어 있다.' 그러나 정작 황금색 베일이 감추고 있는 것은 그 베일을 벗긴 자의 삶의 비용이다.

5장

매사가 어긋난다. 결심이나 조심만으로 어긋남을 피할 수 없다. 어긋남은 세속 속에서 생기는 다만 일개의 불운한 사건이나 현상이 아니다. 어긋남은 차라리 구조이며, 세속이란 그 구조와 구성적으로 연루된 인간들의 관계, 그 총체성을 가리킨다. 그러나 어긋남은 그것 자체로 아직 아무것도 아니라는 사실을 지긋하고 넉넉하게 응시해야 한다. 공부와 겉존 '생각'이 아직 아무것도 아닌 것이나 신뢰를 쌓지 못한 호의가 아직 아무 성취가 아닌 것처럼, 세속의 어긋남은 아직 아무런 패착도 아니다.

93

욕망, 환상과 모방의 사이

환상이 어떤 식의 무대화라면, 그 무대의 기원마저 그저 모방의 메커니즘 속에서 관람해야 하는 극적 소실점에 불과한 것일까? 지옥에, 혹은 천당에 다녀왔다면서 간증집회를 열곤 했던 사람이 있었다. 그는 '내가 직접 보았다' 는 말을 반복하는데, 이 직접성에 대한 반복강박적 호소야말로 그가 학인(學人)이 아니라 신자(信者)라는 사실을 잘 보여준다. 만약 공부가 직접성에 대한 호소로만 가능하다면, 그 공부는 나이나 경험이나 생각이나 느낌으로 환원되어버려서 결국 개인의 체험이 이룬 코쿤 속에 매몰되고 말 것이다. 상식의 반대를 좌파의 실천철학(그람시)으로 삼든 우파의 아이러니(로티)로 여기든, 상식은 바로 이 상투적인 '직접성'의 영역으로 몰밀렸고, 대신 20세기 이후 대개의 철학은 이 직접성의 불가능성을 넓은 의미의 매개론(mediology)에 의해 해명하였다.

모방(mimesis)을 인간됨의 조건으로 여기는 헤겔-지라르 식의 통찰이나 '인간의 욕망은 타인의 욕망'(Le desir de l'homme, c'est le desir de l'autre)이라는 말에 우리는 몹시 익숙하다. 욕망보다 먼저 환상이 있었고, 그 환상보다 먼저 모방이 있었던 것일까? 이런 식으로 사유하자면, 프로이트가 아니고 지라르이며, 바타유가 아니라 라캉이라고 해야 할까? 욕망의 논리학적 기원은 환상인 듯하고, 환상의 논리학적 기원은 모방인 듯하지만, 물론 '태초에 모방이 있었다'는 식으로 단언할 도리는 없다. 그러나 내 욕망이 체계와 관계의 사이에서, 혹은 환상과 모방의 사이에서 온갖 먼지를 뒤집어쓰고 뛰어다니는 잔칫집의 시골 강아지와 닮았다는 사실만큼은 어렵지 않게 단언할 수 있다.

94

모방, 자연, 자유

"모방적 욕망만이 자유로우며 또 진정으로 인간적입니다. 왜냐하면 욕망은 대상보다 모델을 선택하기 때문입니다. 모방적 욕망은 우리를 인간으로 만들어주는 것입니다. 모방적 욕망을 통해 우리는 인습에 사로잡힌 동물적인 본능에서 벗어날 수 있고, 결코 무에서 나온 것일 수가 없을 우리의 정체성을 만들 수 있게 됩니다."(르네 지라르, 『문화의 기원』)

지라르에 따르면 '대상보다 모델을 선택하게 하는 모방적 욕망'이 진정으로 인간적이며, 심지어 자유롭다. '인간적'이라는 평가는 그렇다 하더라도 '자유롭다'는 말은 다소 혼란스

러워, 설명이 필요하다. 가령 우리는, 욕망 그 자체의 메커니즘을 숨긴 채 상품으로서의 모델(들)을 선택하도록 유도하는 자본제적 체제의 부자연성과 그 이데올로기성에 익숙하지 않은가? 상업주의의 체계에 얹힌 채 경쟁적 모방의 대상으로 전락한 타락한 모델들의 세속 속에서, '대상보다 모델을 선택하게 하는 모방적 욕망'은 대체 어떻게, 어느 정도로 자유로운 것인가? 혹은, 모델 너머의 어떤 실재를 향한 자연적 충동은, 대체 어떻게 자연스러우며, 또 이 자유의 도정에서 어떤 위치와 가치를 점하는 것일까?

비록 가라타니 고진만의 해석은 아니지만, 사드(Sade)의 이론과 행위는 모종의 '자연성'과의 직접적인 접촉으로 나아가려는 것이다: "사드의 이론은 그라는 존재의 절대적 고독, 완전한 우연성을 유(類=자연)의 필연성과 연결지으려는 노력이라고 볼 수 있다."• 폭력이 먼저인가 혹은 성욕이 먼저인가, 라면서 바타유와 프로이트를 두동지게 내세우는 단순화된 논의는 여기에서는 실없다. 다만, 정신분석과 인류학의 널리 축적된 보고가 보여주듯이, 폭력과 성욕이 그처럼 치명적으로

• 가라타니 고진, 「사드의 자연개념에 관한 노트」, 사드, 『규방철학』, 이충훈 옮김, 도서출판 b, 2005, 299쪽.

얽히는 일은 대체 어떤 '자연성'을 시사하는 것인지 하는 문제 정도는 진중하게 따질 만하다. 마치 중세 서구의 일신교 세계가 마리아 숭배와 다양한 민속적 변용을 통해서 그 스스로 억압한 것들의 자취를 에둘러—'외부는 내부의 형식'이라는 짐멜의 유명한 경구처럼—드러내듯이, 이제는 극적인 사건 사고들만을 통해 옛 신호를 남기곤 하는 카니발리즘(cannibalism)의 다양한 변용들은 자연성에 대한 어떤 이해를 알리는가? 구소련을 경악케 만든 희대의 지식인 살인마 안드레이 치카틸로(Andrei Chikatilo)는 희생자들의 시체 일부를 먹기도 했지만, 특별히 무자비하게 적출한 자궁을 씹는 일을 즐겼다고 하는데, 성욕과 폭력을 양 날개처럼 대동한 채로 어떤 '자연'을 향해 초월해가는 '자궁회귀증'(子宮回歸症)은 인간이라는 이 기이한 존재의 문화문화적(文化文禍的) 딜레마의 스펙트럼 속에서 그 어떠한 자연성을 내비치는 것인가?

자궁회귀증 등속의 초월이 자연적 필연성을 향해서 이루어지는 제 나름의 도착(倒錯)이자 도박이라면, 고진이 말한 대로 "그(나)라는 존재의 절대적 고독, 완전한 우연성"은 (실존주의자들의 어휘를 흉내 내어) 자유의 조건이라고 해도 좋은가? 로캉탱(Antoine Roquentin)의 손에 집히는 물건처럼, 그것은 그냥 그대로 있을 뿐이며 어떤 의미에서도 그렇게 있어야 할 것이 아니라는 우연성으로서의 자유는 대체 어떠한 자유인가? 지라르가 말한 '인간성'(nature)은 자연(nature)이라는 비선택 혹은 무선택의 필연성으로부터 벗어나는 일이며, 그래서 대상을 향한 직접성에서 벗어나 모델(대타자적 매개)들을 선택할 수밖에 없는 그 문화(文化) 혹은 문화(文禍)인가? 그렇기에, "모방적 욕망만이 자유로우며 또 진정으로 인간적"이라고 단언할 수 있는가? 그러나, 다시, 인간과 자유에 대한 지라르의 논의에서 대체 '자연'의 자리, 대상(실재)의 자리는 서로 어떤 거리 속에서 서로 관계를 맺고 있는가?

95

욕망의 도시적 기원

"돈키호테는 자기 개인의 근본적인 특권을 아마디스(Amadis de Gaule)를 위해 포기하였다. 그는 이제 자기 욕망의 대상을 선택하지 않는다. 그를 대신해서 욕망을 선택하는 것은 아마디스인 것이다. 아마디스의 제자가 된 돈키호테는 그에게 지시된 대상을 향하여, 또는 지시된 것처럼 보이는 대상을 향하여 덤벼들게 되는데, 이때 이 대상들은 기사도 전체의 모델(modéle)이라 하겠다. 우리는 이 모델을 욕망의 중개자(médiateur du désir)라고 부를 것이다. 기독교인으로서의 삶이 바로 예수 그리스도의 모방이라는 의미에서, 기사로서의 삶은 바로 아마디스의 모방(imitation)인 것이다. 세르반테스의 소설에서 돈키호테는 삼각형의 욕망(désir triangulaire)의 희생자 가운데 본보기다. 그러나 그 혼자만이 희생자인 것은 아니다. 그다음으로 가장 크게 당한 희생자는 그의 시종 산초다. 물론 산초의 어떤 욕망들은 모방한 욕망이 아니다. 예를 들면 치즈 한 조각을 보았다거나 포도주 한 부대를 보았을 때 느낀 욕망은 모방한 욕망이 아니다. 그러나 산초는 자신의 위장을 채우는 욕망 이외에 다른 야심도 품고 있다. 돈키호테를 자주 만나게 된 뒤로 산초는 자기가 통치자가 될 '섬' 하나를 꿈꾸고, 자기 딸에게도 공작부인 칭호를 갖게 하고 싶어한다. 이런 종류의 욕망들은 산초처럼 소박한 사람에게 자연발생적으로 일어난 것이 아니다. 그러한 욕망들을 그에게 암시해준 것은 바로 돈키호테인 것이다."(르네 지라르, 『낭만적 거짓과 소설적 진실』)

"도시의 소년은 우선 소설이나 영화로부터 연애의 방법을 배우지만 우다시마 섬에서는 대체로 모방할 대상이 없었다(都會の少年はまず小說や 映畵から戀愛の作法を學ぶが歌島にはおよそ模倣の對象がなかった)."(三島由紀夫, 『潮騷』)

욕망이 전적으로 도시의 문제만은 아니지만, 그것에 대한 현실적인 토의는 도시성과 무관하게 진행될 수 없다. 도시생활과 더불어 욕망도 그 지역성을 벗어나 포괄적 · 전일적인 경쟁적 모방의 상태에 빠진다. 가령 '다이소' 등의 천원가게조차 적나라하게 보여주듯이 그 포괄적 욕망은 '발견'의 제스처를 취하는 척, 한편 쉼 없이 재구성되거나 전염되는 욕망이기도 하다. 이러한 욕망의 전일적 채널 속에서, 가령 치즈에 대한 관심과 섬(島)에 대한 관심은, 특정한 개인들의 우연한 취향과 사건에 휘말려 얽히는 게 아니라, 체계적으로, 에두르지만 피할 수 없이 접속한다. 시골은 평균적으로 도시화되었고, 특히 거대 도시들은 시골마저 재생산할 수 있는 기술력을 확보한 터에, '암시되거나 모방된 대상들'이라고 해서 따로 구별할 수 있는 것은 아니다. 도시는 욕망의 덩어리이며, 그 욕망의 기원은 이미 분실되었다. '무엇이든 할 수 있는 것이라면 한다'(자크 엘루)는 기술주의 속에서, 모든 욕망의 기원은 미래화된다.

96

욕망의 삼각형, 진실의 삼각형

이때, 삼각형이라는 말은 어떤 원칙을 가리킨다. 그러니까, '삼위일체'의 종교신화적 상상력으로부터 시작되는 그 모든 '삼 세 번'과는 무관하다. 그것은 욕망이 작동하는 메커니즘의 최소 구조로서의 원칙을 가리킬 뿐이다. 실제의 욕망은 수많은 다각형들이 입체적으로 겹치고 얽히는 가운데 명멸하며 난반사한다. 그 속에서 모든 선택은 인과의 직선을 무시하며, 모든 관계는 인연의 응보를 벗어난다. 튀고 넘치며, 전염하고 삼투하며, 채집하고 절취(截取)하는 가운데, 차마 삼각형이니 사각형이니 하는 구분조차 애매한 것이 보다 현실적이다. 마치 세기말의 빈 사교가에 대한 존스턴(William Johnston)의 묘사(*The Austrian Mind*, 1983)처럼, 그것은 "덧없는 만남과 순간적 인상과 우연히 엿들은 대화로 이루어진 삶"• 이다. 그럼에도 불구하고 삼각형이라는 구조는 여전히 중요한데, 그것은 욕망에 대한 상상적 관계를 단숨에 청산하고 그 관계의 바깥에 유예된 진실을 흘깃 보여주는 계기이기 때문이다.

물론 대상을 대신해서 모델을 선택한다는 사실은 세속의 어긋남에 대한 또 하나의 증거일 뿐이다. 모델을 선택하게끔 된 구조와 그 생활양식, 바로 그것이 세속이다. 모델의 매개야말로 세속의 조건이자 그 한계이며, 인간의 허영(낭만주의적 독창성이나 신비주의적 직접성, 그리고 지적 깊이 따위)이 그 맹점(인지불능)에서 해방, 혹은 적발되는 지점이기도 하다. 모방하고 보충하고 대리하고 미봉하고 타협하는 것, 그것이 세속의 본질이 아니던가? 그래서 세속의 본질은, (아도르노의 오래된 숙어처럼) '세속은 본질이 없다' 는 것이 아니던가?

그런데 여기에서, 대상이 아니라 모델을 선택할 수밖에 없다는 사실은 주체로 하여금 근원적 자기변명에, 혹은 그 주체

• 윌리엄 존스턴, 『제국의 종말과 지성의 탄생』, 변학수 · 오용록 외 옮김, 글항아리, 2008, 198쪽.

와 관계를 맺는 대상(들)에 대한 근원적 재서술의 노동에 내몰리도록 만든다는 점에 주목해야 한다. 당연한 노릇이지만, 이로써 자기 존재의 근거가 순환 속에 빠진다는 사실을 직감할 수밖에 없으며, 이는 그 순환(기표의 연쇄)을 저지하거나 어느 한 지점에서 결절시킬 벼리나 말코지(혹은 라캉의 표현대로 '누빔점point de caption')를 상정하거나 아니면 이른바 재서술의 아이러니즘을 반복하게 만든다. (물론 그 주체가 모종의 신비주의자라면, 그는 마치 에크하르트처럼, 절대적 실재의 직접성에 의해서 개시된 '모델 없는' 공간•을 차라리 참지 못한 채, '나를 당신으로부터 벗어나게 해주시오!' 라고 외칠 것이다. 혹은 구두 수선공 뵈메나 렌즈 세공사 스피노자처럼, 구두와 렌즈라는 매개를 단숨에 넘어 신의 실재 속을 관념적으로 소요할 것이다.)

언어의 자의성과 마찬가지로 모델은 늘 임의의 것이고, '차연'(différance)이라고도 하듯이, 임의의 선택에 대한 변명은 늘 부족하고 늘 어긋난다. 그래서 변명들의 고리는 그 자체가 안타까운 대로 환유(換喩)를 이룬다. 그 변명은 가깝지만 닿지 못하고, 닮았지만 아직 '그것' 이 아니다. 그러므로 "가깝지만

• "모든 명상의 대상은 내밀한 영적 교섭의 상태가 낳은 것인데, 그 교섭 속에서 모든 신비가들은 '나는 하나님 속에 있고 하나님은 내 속에 있다'고 고백하게 된다." Evelyn Underhill, *Mysticism*, New York: E.P. Dutton, 1961, p.358.

닿지 못하고, 닮았지만 아직 '그것'이 아닌" 변명, 바로 그것이 인간 실존인 것이다.

그러므로 삼각형은 욕망의 구조이기 이전에 진실의 구조라는 점에서 새롭게 고찰될 필요가 있다. 욕망의 주체와 대상은 2(나-너)를 이룬다. 이 관계에서 중요한 점은, (앞서 시사한 대로) 내가 너를 선택한 이유가 영영 분명치 않다는 것이다. (욕망의 대상인 네가 유일무이한 본질이라면 거기에는 이미 이유가 없을 테고, 수많은 모델 중의 하나인 현상일 뿐이라면 그 이유는 끝없이 퇴각하거나 미끄러질 테다.) 마찬가지로 이미 그곳에는 근본적인 어긋남이 개입한다. 물론 나는 내가 너를 선택했다고 '생각'하는 이유를 즐겨 발설하고 낱낱이 설명하기도 한다. 편지에 적기도 하고, 세속의 유행을 좇아 고백하기도 하며, 기성의 제도에 따라 증빙(!)을 하기도 한다. 그러나 그 이유는 계절보다 빠르게 변하고 소녀보다 빠르게 바뀐다. 새로운 대상을 향한 새로운 이유 역시 계절보다, 소녀보다 빠르게 다가온다. 이 같은 순환적 혼란은, 그 2의 관계가 원근법이 생기지 않는 전형적인 '풍경'이라는 사실에 의해 손쉽게 설명된다. 대면 관계에 의해, 심지어 그 대면을 거울상(鏡像)으로 만드는 고백 관계에 의해 둘(2) 사이의 낯선 거리, 그 객관성은 소멸한다. (그렇기에, 좌파들이 부르주아 체계 속에서 '관용의 이데올로기' 를 비판했듯이, 이른바 타자성의 철학자들은 '합일의 이데올로기' 를 참지 못하는 것이다.) 물론 시간의 흐름이나 공간의 재배치를 통해서 풍경은 그 이면을 드러내기도 한다. 시간과 공간이야말로 가장 원형적인 원근법적 장치이기 때문이다.

그러나 삼각형은 역시 타인(3)과 더불어 찾아온다. (크리스테바도 유사한 지적을 한 적이 있지만) 나와 너(2) 사이에 기원의 형이상학을 놓고 왈가왈부하는 소모전을 피하려면 결국 타인(3)을 초대하는 수밖에 없다('기원' 의 바깥은 '타인' 인 것이다). 욕망의 삼각형은, 주체가 모델(들)을 선택하고 그것들을 자신과 동일시하는 일상적 · 인간적 행위 속에서 마침내 그 대상을 타자화시키지만, 진실의 삼각형은 모델들로 둘러싸인 채로 이루어진 바로 그 욕망의 메커니즘을 넘어가는 외상적 체험을 선사한다. 그것은 그 메커니즘의 외부를 드러내면서 타자화된 그 대상을 다시 불러들이는 것이다. 그래서 3은 욕망의 수이기 이전에 진실의 수, 욕망의 순간적 죽음을 드러내는 수가 된다.

97

인정의 삼각형

"인정 행위 속에서 나는 개별자가 아니다. 나는 당연히 인정 행위 속에서 존재하며, 더 이상 매개 없는 현존재가 아니다. 인정된 자는 이 존재를 통해 직접적으로 유효하게 인정된 것이지만, 바로 이 존재는 개념상 산출된 것이며 이 존재도 인정된 것이다. 인간은 필연적으로 인정받으며 필연적으로 인정하는 존재다. 이러한 필연성은 인간 본유적인 것이며, 내용과 대립해 있는 우리의 사고에 따른 것은 아니다. 인간 자체는 인정 행위로서의 운동이며, 이러한 운동이 바로 인간의 자연 상태를 극복한다. 즉, 인간은 인정 행위다."(헤겔, *Janaer Realphilosophie*)

그 모든 기원은 근원적인 성가심이다. 작업가설(working hypothesis)의 틀 속에 단단히 묶어놓지 않으면 곧 형이상학의 냄새를 풍긴다. 인정이든 계약이든 희생제의든 집단살해든, 억압이든 장례든, 혹은 그 무엇이든, 기원을 쫓는 일은 대체로 무망하고 삶의 자리에서 벗어나는 환상을 초래한다. 어쩌면 기원은 역사조차 아니다. '인정 행위로서의 운동이 인간의 자연 상태를 극복한다' 는 헤겔의 말 역시 어떤 기원을 가리키는 게 아니라 인간됨을 위한 관계의 양식, 삶의 양식, 소망의 양식을 가리키는 것이다. 그런데 인정은 결코 둘 사이의 관계가 아니다. 오로지 둘 사이의 관계로 환원되는 인정관계는 인정에 고유한 내적 긴장을 잃어버리고 동화되기 십상이다. 아울러 '존재 그 자체에 대한 인정' 따위의 수사는 그리 현실적이지도 않다. 대체로 인정은 '무엇에 대한 인정' 의 형식을 취하며, 이 형식은 그 취지와 달리 외려 세속적 어긋남을 재생산하는 출처가 되기도 한다. 물론 이 세속적 어긋남의 공간은 곧 '문학적 공간' 으로 승화되며, 인정을 매개로 어긋남의 관계를 반복하는 일상이야말로 또한 문학적일 수밖에 없는 것이다.

특히 인정은 둘 사이의 직접적 대면관계라기보다, 마치 욕망의 삼각형이나 진실의 삼각형처럼 일종의 삼각관계를 형성한다. 나는 너의 인정을 받고자 하지만, 이미 그것은 순수하고 전적으로 '너(만)의' 인정이 될 수는 없다. 그 인정은 '무엇(누구)'과 관련해서(대해서), 그리고 '어떤' 식으로 이루어질 수밖에 없는 것인데, 이미 그 '무엇'과 '어떻게'는 당대의 사회체제와 문화, 제도와 관행에 얽혀 살아가는 타인들을 참조점(Bezugspersonen)으로 삼아서만 가능해지기 때문이다. 인정 개념의 전도사인 호네트(Axel Honneth)에 의하면 '사회적 상호작용은 인지적 행위가 아니라 인정하는 자세로 짜여'('인정투쟁', '물화')지는데, 특히 인정이 투쟁의 양상을 띨 경우 그 상호관계에 개입하는 비인지적 제도와 구조는 더욱 도드라진다. 물론 이 도드라짐 속에 얽혀드는 인간의 세속이 곧 문학적 공간의 중요한 일부일 것이다.

97-1

인정과 모방, 약사(略史)

말할 것도 없이 인정과 모방은 삶과 역사의 기본적 동력이지만, 이 동력은 다른 인생의 이치와 마찬가지로 동전의 양면 같은 재상(災祥)과 요철(凹凸)을 갖는다. 인식(인지)의 주변을 살피는 일은 실은 근대 초기에서부터 있었고, 특히 '인정'(Anerkennung)은 헤겔을 통해 이론화된 후, 헤겔좌파를 거쳐 비판 이론의 3세대에 이르도록 그 명맥을 유지하고 있다. 물론 헤겔처럼 명시적이진 않지만, 인정 개념을 옹위하거나 보완할 수 있는 친화성 개념들은 프로이트(전이), 하이데거(마음씀), 비트겐슈타인(인정), 호르크하이머/아도르노(미메시스), 듀이(관여) 등, 여러 사상가에 의해 제출되어 풍성하게 응용된 바 있다. 하버마스의 제자인 호네트(Axel Honneth)는 하버마스의 신-신좌파적 문제의식과 어휘들을 공유하되 그것을 인정이론적으로 전유함으로써 논의의 층위를 낮추고 그 실천성을 제고하는 효과를 얻는다.

인정 이론은 근대 이성의 과학적-인식론적 분화의 한계와 조건을 따진다는 점에서 기존의 근대 비판에 합류한다. 그러나 인정이라는 상호작용은 그 사회적 자리와 그 일상적 교류의 근친성 때문에 매우 독특한 입지를 갖는다. 인식과 더불어 인정의 관계를 주제화하는 것은 인간들 사이의 일상적 관계를 새롭게, 비판적으로 톺아보고, 미래의 인문적 연대 가능성에 맺힌 조건과 한계를 따지는 데에 결정적인 기여를 할 수 있으리라고 본다. 더불어, 이 탐색은 인간-인간의 문제만이 아니라 인간과 생물 일반, 나아가 인간과 사물 사이의 관계를 재구성할 수 있는 실천적인 지혜를 안겨줄 것이다. 인문학 공부가 실천적으로 결절하는 지점을 사람이나 사물에 대한 환대와 응대의 방식에 둘 경우, 관계 일반에 대한 인정이론적 탐문은 이 환대와 응대의 콘텍스트와 메커니즘을 해명하는 데에도 좋은 길잡이가 될 것이다.

간단히 정리하자면, 마르크스의 상품물신성(Warenfetishismus)

을 거쳐 루카치를 통해 유명해진 물화(物化) 개념은 호네트를 통해 재구성된다. 물론 그 매개는 '인정' 이론의 전유를 통해 가능해진다. 거칠게 보자면 이른바 인정망각(Anerkennungsvergessenheit)이라는 '도구적-전략적 관심'(하버마스)과 그 관계가 곧 물화의 계기이자 조짐으로 드러난다. 바로 여기에서 내가 '동무'나 '산책'이라는 메타포로써 개시(開示)한 탈자본주의적 살림과 사귐의 지평에 인정-물화의 논의가 개입할 수 있는 지점이 생성된다. 자본제적 상품교환 체계가 온통 우리 삶의 인문(人紋)을 종횡으로 누비고 있을 때, 인정 이론에 대한 새로운 관심과 실천은 '제2의 자연'(루카치)으로 편재하는 상품물신주의와 창의적으로 불화하는 방식에 또 다른 실마리를 제공한다.

모방 이론은 인정 이론 이상으로 풍성한 논의의 역사와 갈래를 자랑한다. 마찬가지로 모방은 인정 이상으로, 그리고 서사 이론 이상으로, 각 개인이 자기정체성을 형성하는 과정에 깊숙이, 그리고 원천적으로 관여한다. 가드너(S. Gadner)의 지적처럼, 코기토는 모방(혹은 인정)을 억압하거나 외면하는 가운데 비로소 성립하는 것이다. 그리고 모방은 인간관계와 사회 구성의 논의에서 인정 못지않게 중요한 접속력과 전염력을 갖는 매체다. 그 누구도 모방의 자장(磁場)에서 자유로울 수 없으며, 학습 일반을 위시한 인간의 문화 전체가 실로 모방(동화, assimilantion)과 조절(accomodation)의 연쇄적 과정이다. 인식과 모방 사이의 관계를 살피는 일은 단지 근대의 주체철학에 대한 비판만이 아니다. 그것은 내 실존의 현실성에 대한 겸허하고 정밀한 이해를 바탕으로 보다 솔직하고 생산적인 인간관계로 나아가게 하는 실천적 동력인 것이다. 아울러 인정처럼 모방 역시 그 명암(明暗)을 갖게 마련인데, 지라르가 문학비평적 맥락에서 읽어내는 낭만적 허영, 혹은 인류학적으로 풀어낸 폭력은 모두 그 왜곡된 그림자의 세계를 가리킨다.

98

모방 체계와 문학적 공간의 탄생

"베드로의 모방전염은 좋은 예다. 그가 예수를 사랑한다는 사실에는 의심의 여지가 없다. 그는 진지하면서도 신중한 사람이다. 하지만 예수를 적대시하는 무리 속에 빠져들게 되자 이 제자도 예수에 대한 군중의 적대감을 모방하지 않을 수 없게 된다. 베드로가 하룻밤에 예수를 세 번 부인한 원인을 찾으면서, 단순히 베드로의 기질이나 그의 심리학에서 그 원인을 찾는 사람들은 길을 잘못 들어선 것 같다. 이들은 이 장면에서 인간 베드로를 능가하는 그 무엇도 보지 못하고 있다. 예수의 죽음을 목격한 모든 사람들이 빠져 있던 모방에 베드로도 빠진다. 이런 점에서 베드로는 그의 이웃과 다르지 않다."(르네 지라르, 『나는 사탄이 번개처럼 떨어지는 것을 본다』)

소렐(Georges Sorel)은 그의 대표작 『폭력에 대한 성찰』(*Réflexions sur la violence*, 1908)에서 "행복이 찾아오는 일반적 순서와는 달리 왜 자기에게만 불행이 찾아오는지를 스스로 설명할 능력이 없는 사람"을 일러 낙담한 낙관론자라고 부른다. 그는 더 나아가 이들을 '무분별하고 위험한 인물들'이라고까지 타매한다. 이에 비해 "비관론자는 사회적 조건들을 필연성을 지닌 어떤 철칙으로 연결된 하나의 체계를 형성하는 것으로 간주"한다는 것이다. 물론 소렐의 논의는 정치와 혁명의 자리를 의도한 것이지만, 앞서 인용한 베드로 역시 어쩌면 '무분별하고 위험한 인물'로 볼 수도 있겠다. 그는 관계와 체계 속에서도 스스로를 개인으로만 여기고 그 개인의 열정이 뚫는 관식(管識)으로만 세상을 대하려고 한다. 이런 인물들은 스스로를 체계의 바깥에 세운 채 순정과 자율만으로 세상을 뚫어낼 수 있다고 '생각'한다.

그 누구도 모방전염의 자장으로부터 결코 자유로울 수 없다는 사실을 실감하고 실천적으로 그 대응책을 궁리하는 자라야 비관적인 지혜, 혹은 지혜로운 비관을 얻을 수 있다. 모방의 체계가 실천적으로 외부를 허락하지 않는 전 포괄성이라는 사실 자체가 비관적인 게 아니다. 이 사실은 마치 대중이 그 자체로 비관적일 수가 없다는 것, 그리고 대중은 그저 하나의 주어진 현실(=세속)이라는 것과 닮았다. 그것은 호의/적의, 혹은 생각/공상처럼 아직은 아무 것도 아닌, 그저 사회적 에너지의 집체에 불과한 것이다. 마찬가지로 모방의 체계는 그저 주어진 현실, 그러니까 세속일 뿐이며, 그것 자체가 비관이랄 필요는 없다. 오히려 모방의 체계라는 현실을 외면하거나 관념적으로 기피하면서 자율의 '생각'과 순수의 허영 속으로 끊임없이 퇴각한다는 것이 비관적이다. 더 나아가 모방의 현실에 대한 나름의 '상상적'인 생각이 늘 그 '상징적'인 현실보다 한발 느리다는 게 또한 비관적이다.

(인간 그 자체가 하나의 복합적 어긋남이니) 사실 이러한 종류의 어긋남은 우리 일상 속에서는 너무나 흔한 것! 기계도 신도 아닌 우리는 오히려 바로 그 어긋남의 비극적 동력을 통해 강박적으로 혹은 '변증법적'으로 세속을 만들어가며, 그 세속이라는 비자연의 자연에 탐닉한다. (창세기의 신화적 기술에 의하면, 인간은 '음식의 금기'를 '어기'면서 비로소 인간으로 거듭나지 않았던가?) 칸트는 "인류를 장식해주는 모든 문화와 기술 및 가장 아름다운 사회적 질서는 반사회성의 결실들"(「세계시민적 관점에서 본 보편사의 이념」)이라고 했지만, 반사회성에 이르지 못하

는 소조(素粗)하고 지질한 어긋남들 역시 세속도시의 경위를 이루는 기초적 편물(編物)이다. 그리고 이 어긋남은 모방의 체계를 이루는 인간들의 공동 생활 속에 불가항력적으로 얽혀들어 있다. 그런데 '생각' 보다 더 깊이 얽혀듦, 바로 이것이야말로 (인)문학적 공간의 탄생이 아니고 무엇이겠는가?

99

부유(浮遊)와 헤맴, 모나드와 클리나멘

바르트(R. Barthes)는 그의 『텍스트의 즐거움』이라는, 별로 즐겁게 읽히지 않는 책에서 "부유는 사회적 언어(the sociolect)가 나를 낭패 보게 만들 때 발생한다"고 말한 적이 있는데, 텍스트가 착근하지 않고 부유할 수밖에 없는 사정도 결국 못 미침과 지나침의 공간이자 어긋남의 공간인 (인)문학적 공간에서는 오히려 당연해 보인다. 테일러(Mark C. Taylor)는 이 어긋남을 역사철학적 논의로 수렴해서 아예 '은혜로운 방황'(graceful erring)(『방황*Erring*』, 1984)이라고 준신학화하는데, 부유든 방황이든 전혀 새로운 이야기가 아니다. 그것들은 모두 삶의 어긋남, 혹은 삶이라는 어긋남의 사실에 터를 두고 쉼 없이 재생산되는 지랄(知剌)들인 것이다.

인간들이 세속에 섞여 살면서 쉼 없이 엮어내는 (인)문학적 공간은, 복합물을 구성하는 구성부분이 없는 단순한 실체, 연장도 형태도 가분성(可分性)도 없는 진정한 원자, 창문이 없어 아무것도 들고날 수 없는 라이프니츠의 모나드(monad)와 같은 것이 아니다. 그것은 클리나멘(clinamen)의 편의(偏倚), 그 치우침과 어긋남의 우연성에 가까운 것이다. 그것은 알튀세가 '마주침의 유물론'(matériqlisme de la rencontre)이라는 기획 아래 조형한 개념인 "비(雨)의, 편의(偏倚, déviation)의, 마주침의, 응고(prise)의 유물론"적 세상과 가깝다. 그가 에피쿠로스의 생각을 빌려, "근거나 원인 따위가 아니라 편의가 세계의 기원"이라는 대담한 선언으로서 펼쳐보인 세상과 가깝다. 마주침이 곧 어긋남인 세상, 그 세속, 말이다.

99-1

프루스트적인 세상

사르트르는 마르셀 프루스트에게서 해방되었다는 표시로 “결국 우리 자신까지도 우리의 외부에 있고, 모든 것은 세계 속에 있으며 인간들 사이에 존재한다!”고 외쳤다. 그러나 프루스트를 경계로 삼아 안팎을 나눌 게 아니다. 프루스트는 내부만을 가리키는 게 아니다. 오히려 프루스트는 그 안팎의 연루를 가장 끈질기게 보인 작가가 아닌가? 오히려 “결국 우리 자신까지도 우리의 외부에 있고, 모든 것은 세계 속에 있으며 인간들 사이에 존재한다!”는 바로 그 외침이야말로 바로 프루스트적인 세상이 아닌가?

100

어긋남과 어긋냄

"우리들은 맑은 물빛해정한 모래톱에서 하구 긴 날을 모
래알만 헤이며 잔뼈가 굵은 탓이다
바람 좋은 한 벌판에서 물닭이 소리를 들으며 단이슬 먹고
나이 들은 탓이다
외따른 산골에서 소리개소리 배우며 다람쥐 동무하고
자라난 탓이다

우리들은 모두 욕심이 없어 희여졌다"(백석, 「膳友辭」, 일부)

매사가 어긋난다. 결심이나 조심만으로 어긋남을 피할 수 없다. 어긋남은 세속 속에서 생기는 다만 일개의 불운한 사건이나 현상이 아니다. 어긋남은 차라리 구조이며, 세속이란 그 구조와 구성적으로 연루된 인간들의 관계, 그 총체성을 가리킨다. 그러나 어긋남은 그것 자체로 아직 아무것도 아니라는 사실을 지긋하고 넉넉하게 응시해야 한다. 공부와 견준 '생각'이 아직 아무것도 아닌 것이나 신뢰를 쌓지 못한 호의가 아직 아무 성취가 아닌 것처럼, 세속의 어긋남은 아직 아무런 패착도 아니다. 그것은 우리의 세속이 평균적 무지 가운데 도달한 솔직한 현실의 단면일 뿐이다. 마치 민중(民衆)이 세속의 외부가 아니라 세속 그 자체의 구성일 뿐이며 아직은 아무것도 아니라는 사실처럼, 세속의 어긋남도 세속 그 자체의 구조적 구성일 뿐이며, 그래서 아직 아무것도 아닌 것이다.

그러므로 인문학이 현실의 낮은 자리를 톺고 만진다면 의당 그것은 '어긋남의 인문학'이어야 할 것이다. 파시즘을 해석하는 게 능사가 아니라 차라리 히틀러를 암살해야 하는 게 마땅한 실천이라면, 실천으로서의 인문학 역시 어긋남을 분석하거나 해명하는 데에 그칠 게 아니라 그 어긋남의 구조를 균열시키거나 가로질러 다닐 수 있는 인문(人紋)의 길을 밟아내어야 할 것이다. 체계적 어긋남의 피로와 상처를 개인적의 분한으로 쟁이지 않고 정치적 주체화의 연대 속에서 '(하아얗게) 의욕화' 할 때 '산책' 이라는 장소화의 외부성이 열리게 된다. 그것을 일러 '어긋냄' 이라고 부를 수 있을 텐데, 그것은 자본제적 삶의 욕심과 감성이 까-아-만 재처럼 타버렸을 때에서야 비로소 생성되는 하-아-얀 의욕의 실천인 것이다.

인용도서 목록

Baudrillard, Jean. *Impossible Exchange*, London: Verso, 2001

Berger, Peter L. *A Rumor of Angels, Garden City*, NY: Doubleday, 1970

Bourdieu, Pierre. *Masculine Domination*, Oxford: Polity Press, 2001

Durkheim, Émile. "Compte rendu de Georg Simmel: Philosophie des Geldes," *L'Anné sociologique*, V, 1900~1901

Frankl, Victor E. *The Unheard Cry for Meaning: Psychotherapy and Humanism*, New York: Washington Square Press, 1978

Fromm, Erich. *The Anatomy of Human Destructiveness*, New York: Holt, 1973

Girard, Rene. *Des choses cachées depuis la fondation du monde*, 1975

Hegel, *Phänomenologie des Geistes*, J. Hoffmeister(ed.), Hamburg, Felix Meiner Verlag, 1952

Lacan, Jacque. *Ecrits: A Selection*, tr. Bruce Fink, New York: Norton, 2002

Mark Taylor, *Erring: A Postmodern A/theology*, Chicago: The University of Chicago Press, 1984

Shlomo Sand and Ernest Renan, *On the Nation and the Jewish People*, Verso, 2010

Underhill, Evelyn. *Mysticism*, New York: E.P. Dutton, 1961

王家衛, 『東邪西毒』, 1994

三島由紀夫, 『潮騷』

今村仁司, 『近代性の 構造, 講談社』, 1997, 第五章

가라타니 고진, 「사드의 자연개념에 관한 노트」, 사드, 『사드의 규방철학』, 이충훈 옮김, 도서출판b, 2005

게오르크 루카치, 『루카치 문학이론』, 편혜원 편역, 세계, 1990
______, 『역사와 계급의식: 마르크스주의 변증법 연구』, 박정호 · 조만영 옮김, 거름, 1997
게오르크 짐멜, 「편지의 사회학」, 게오르그 짐멜, 『게오르그 짐멜의 문화이론』, 김덕영/배정희 옮김, 길, 2007
______, 「비밀의 사회학」, 위의 책.
______, 「다리와 문」, 위의 책.
______, 「모험」, 위의 책.
______, 「문화형식의 변동」, 위의 책.
______, 『근대 세계관의 역사』, 김덕영 옮김, 길, 2007
______, 「연애 유희」, 『게오르그 지멜, 여성문화와 남성문화』, 가이 오크스 편, 게오르크 헤겔, 『정신현상학』, 임석진 옮김, 한길사, 2005
______, 『미학강의 1』, 나남출판, 1996
그레고리 베이트슨, 『네이븐』, 김주희 옮김, 아카넷, 2002
기시다 슈, 『성은 환상이다』, 박규태 옮김, 이학사, 2000
김동리, 『까치소리』, 민음사, 1995
김명호, 『열하일기 연구』, 창작과비평사, 1990
김병철, 「'포스트모던' 두바이! 그 아슬아슬함」, 『황해문화』 59호, 2008
김애란, 「노크하지 않는 집」, 『달려라 아비』, 2005
김영갑, 『그 섬에 내가 있었네』, humans&books, 2010
김영민, 『컨텍스트로, 패턴으로』, 문학과지성사, 1997
______, 『탈식민성과 우리 인문학의 글쓰기』, 민음사, 1998

______, 『사랑, 그 환상의 물매』, 마음산책, 2005
______, 『동무론: 인문연대의 미래형식』, 한겨레출판, 2008
김응종, 『페르낭 브로델: 지중해, 물질문명과 자본주의』, 살림, 2006
김진송, 『서울에 딴스홀을 許하라: 현대성의 형성』, 현실문화연구, 1999
김태준, 『홍대용』, 한길사, 1998,
김홍중, 『마음의 사회학』, 문학동네, 2009
노르베르트 볼츠, 『구텐베르크-은하계의 끝에서』, 윤종석 옮김, 문학과지성사, 2000
니콜 라피에르, 『다른 곳을 사유하자』, 이세진 옮김, 푸른숲, 2007
니클라스 루만, 『사회체계이론』 1 · 2, 박여성 옮김, 한길사, 2007
롤란드 베인턴, 『에라스무스의 생애』, 박종숙 옮김, 크리스찬다이제스트, 2001
롤랑 바르트, 『현대의 신화』, 이화여자대학교기호학연구소 옮김, 동문선, 2002
______, 『텍스트의 즐거움』, 김희영 옮김, 동문선, 2002
______, 『사랑의 단상』, 김희영 옮김, 동문선, 2004
루드비히 포이어바흐, 『기독교의 본질』, 김쾌상 옮김, 까치, 1992
루이 알튀세르, 『마르크스를 위하여』, 고길환 옮김, 백의, 1990
______, 『철학에 대하여』, 서관모 외 옮김, 동문선, 1997
르네 지라르, 『낭만적 거짓과 소설적 진실』, 김치수 옮김, 한길사, 2001
______, 『나는 사탄이 번개처럼 떨어지는 것을 본다』, 김진식 옮김, 문학과지성사, 2004
______, 『문화의 기원』, 김진식 옮김, 기파랑, 2006
리처드 도킨스, 『만들어진 신』, 이한음 옮김, 김영사, 2007

리처드 로티, 『우연성, 아이러니, 연대성』, 김동식 외 옮김, 민음사, 1996
마르셀 프루스트, 『잃어버린 시간을 찾아서(스완네 집 쪽으로』, 이정 옮김, 삼성출판사, 1984.
마르키드 사드, 『규방철학』, 이충훈 옮김, 도서출판b, 2005, 94쪽.
마크 스로닐, 『도스토예프스키: 인간의 심연』, 전광용 옮김, 신구문화사, 1976
막스 베버, 『탈주술화 과정과 근대: 학문, 종교, 정치』, 전성우 옮김, 나남, 2002
______, 『프로테스탄트 윤리와 자본주의 정신』, 박성수 옮김, 문예출판사, 1990
______, 『종교사회학 선집』, 전성우 옮김, 나남, 2008
______, 『행정의 공개성과 정치 지도자 선출 외』, 이남석 옮김, 책세상, 2002
메리 앤 스타니스제프스키, 『이것은 미술이 아니다』, 박이소 옮김, 현실문화연구, 2006,
미셸 콜로, 『현대시와 지평구조』, 정선아 옮김, 문학과지성사, 2009
미우라 마사지, 『무용의 현대』, 남정호 · 이세진 옮김, 늘봄, 2004
밀란 쿤데라, 『농담』, 방미경 옮김, 민음사, 1999
발터 벤야민, 『일방통행로』, 조형준 옮김, 새물결, 2007
브루스 핑크, 『에크리 읽기』, 김서영 옮김, 도서출판b, 2007
______, 『라캉과 정신의학』, 맹정현 옮김, 민음사, 2002
슬라보예 지젝, 『삐딱하게 보기』, 김소연 · 유재희 옮김, 시각과언어, 1995
______, 『당신의 징후를 즐겨라』, 주은우 옮김, 한나래, 1997
______, 『탈이데올로기 시대의 이데올로기』, 김상환 옮김, 철학과현실사, 2005
아이작 뉴턴, 『프린키피아』, 이무현 옮김, 교우사, 1998
앙리 르페브르, 『현대세계의 일상성』, 박정자 옮김, 기파랑, 2004

야콥 브로노프스키, 『서양의 지적 전통』, 차하순 옮김, 학연사, 1988
에드거 앨런 포, 『잃어버린 편지』, 정익순 옮김, 이가출판, 1997
에밀 뒤르켕, 『돈의 철학』, 안준섭 외 옮김, 한길사, 1990
엘리자베스 벡 · 울리히 벡, 『사랑은 지독한, 그러나 너무나 정상적인 혼란』, 강수영 외 옮김, 새물결, 1999
위르겐 하버마스, 『의사소통 행위이론(1)』, 장춘익 옮김, 나남, 2006
월리엄 존스턴, 『제국의 종말과 지성의 탄생』, 변학수 · 오용록 외 옮김, 글항아리, 2008
이매뉴얼 월러스틴, 『우리가 아는 세계의 종언』, 백승욱 옮김, 창작과비평사, 2001
______, 『지식의 불확실성』, 유희석 옮김, 창비, 2007
이청준, 『이어도』, 열림원, 1998
잠바티스타 비코, 『새로운 학문』, 이원두 옮김, 동문선, 1998
장 보드리야르, 『소비의 사회』, 이상률 옮김, 문예출판사, 1992
______, 『시뮬라시옹』, 하태환 옮김, 민음사, 2001
______, 『불가능한 교환』, 배영달 옮김, 울력, 2001
장 프랑수아 리오타르, 『포스트모던적 조건』, 이현복 옮김, 서광사, 1992
제혜석, 「달려라, 그만: 김애란을 '기품'의 소설을 읽기 위한 하나의 시론」, 2010년 『경향신문』 문학평론 부분 당선작(미발표).
조르주 바타유, 『에로티즘』, 조한경 옮김, 민음사, 1989
______, 『저주의 몫』, 조한경 옮김, 문학동네, 2000
조르주 소렐, 『폭력에 대한 성찰』, 이용재 옮김, 나남, 2007
조명래, 「진보적 도시담론의 위기」, 『공간과 사회』 9호, 1997

조셉 콘래드, 『암흑의 핵심』, 이상옥 옮김, 민음사, 1998

주디스 허먼, 『트라우마』, 최현정 옮김, 플래닛, 2007

지그문트 프로이트, 「환상의 미래」, 『문명 속의 불만』(프로이트 전집), 김석희 옮김, 문학동네, 2003

질 들뢰즈 · 펠릭스 가타리, 『천 개의 고원』, 김재인 옮김, 새물결, 2001

질베르 뒤랑, 『상상계의 인류학적 구조들』, 진형준 옮김, 문학동네, 2007

테리 이글턴, 『포스트모더니즘의 환상』, 김준환 옮김, 실천문학사, 2000

편혜영, 『사육장 쪽으로』, 문학동네, 2007

폴 사르트르, 「벽」, 1937 『세계의 필독소설』, 이은집(편), 글사랑, 1993

폴 사르트르, 『구토』, *Nausea*, LLoyd Alexander(tr.) (New York: New Directions Publishing Corporation, 1964)

프란츠 카프카, 『성』

프랑수아 볼테르, 『철학서한』(1734), 박영혜 옮김, 삼성미술문화재단, 1977

프랜시스 베이컨, 『새로운 아틀란티스』, 김종갑 옮김, 에코리브르, 2002

프리드리히 니체, 『권력에의 의지』, 강수남 옮김, 청하, 1978

플라톤, 『소크라테스의 변명』, 황문수 옮김, 문예출판사, 1999

피터 왓슨, 『생각의 역사 1: 불에서 프로이트까지』, 남경태 옮김, 들녘, 2009

테오도어 아도르노, 『미니마 모랄리아』, 김유정, 길, 2005

퇴계, 『자성록自省錄』, 고산 옮김, 동서문화사, 2008

하버마스, 『의사소통행위이론』 1 · 2, 장춘익 옮김, 나남, 2006

한국철학회, 『한국철학사』 중, 동명사, 1989

헨리 스튜어트 휴즈, 『의식과 사회: 유럽의 사회사상 1890~1930』, 황문수 옮김, 홍

성사, 1979

홍대용, 『林下經綸 · 毉山問答』, 조일문 옮김, 건국대출판부, 1999

샤를 몽테스키외, 『페르시아인의 편지』(1721) 이수지 옮김, 다른세상, 2002

* 이 책의 표지 사진으로 쓰인 플로리안 헨켈 폰 도너스마르크의 「타인의 삶」(2006)의 제작사(배급사)와 저작권 협의를 거치려 했으나 연락이 닿지 않았습니다. 연락이 취해지는 대로 저작권 사용 허가를 받고 사용료를 지불하겠습니다.

찾아보기(인명)

| ㅅ |

| ㅇ |

| ㅎ |

세속의 어긋남과 어긋냄의 인문학
1판 1쇄 2011년 2월 14일
1판 2쇄 2014년 6월 18일

지은이 김영민
펴낸이 강성민
편집 이은혜 박민수 이두루
편집보조 유지영 곽우정
마케팅 정민호 이연실 정현민 지문회 김주원
온라인 마케팅 김희숙 김상만 한수진 이천희

펴낸곳 (주)글항아리 | 출판등록 2009년 1월 19일 제406-2009-000002호

주소 413-120 경기도 파주시 회동길 210
전자우편 bookpot@hanmail.net
전화번호 031-955-8891(마케팅) 031-955-8898(편집부)
팩스 031-955-2557

ISBN 978-89-93905-49-6 03100

글항아리는 (주)문학동네의 계열사입니다.

이 도서의 국립중앙도서관 출판시도서목록(CIP)은 e-CIP 홈페이지(http://www.nl.go.kr/ecip)에서 이용하실 수 있습니다.(CIP제어번호:CIP2011000299)